世界を歩こう
～草の根の国際交流～

日本市民スポーツ連盟名誉会長
日本ウオーキング協会元会長
宮下 充正 ・ **川内 基裕** ・ **堀野 正勝**
　　　　　　　日本市民スポーツ連盟会長　　日本ウオーキング協会会長

株式会社 杏林書院

はじめに

　著者の一人宮下充正のウォーキング実践は、60歳で東京大学を定年退職してから始まった。見知らぬ土地を歩く楽しさは格別であり、次はどこへ行って歩こうか、予定を立てるのもまた楽しい。

　そして、国内ばかりではなく、外国へ出かけて行って歩いた。その証しは、国際マーチングリーグ（IML）では、さまざまな大会（11 カ国）において、1 日 20 km 以上、2 日間以上を完歩し、3 回で銅メダル、その後 9 大会歩いて計 11 回で銀メダル、さらに 9 大会歩いて計 21 回で金メダルを、順次得ることができた。

　また、新しく加盟したいというスペインのバルセロナ市のウォーキング大会をイスラエルの代表と 2 人で視察して、スタート、フィニッシュ時刻の設定などイベントの運営、申し込みや当日の受付など参加者への対応、マップや方向標示などウォーキング・ルートの整備状況などを点検し、IML 本部へ加盟の条件が満たされているという報告をしたことがあった。

　国際市民スポーツ連盟（IVV）では、2 回の IVV オリンピアードと 3 大陸で行われる 2 カ国の大会（計 6 大会）へ参加し、日本人で初めて "ワールドカップ" という名称を授与された（**写真 1**）。また、IVV の副会長に選出され、

写真1　IVV ワールド・カップ認定のワッペン

組織の運営に携わった。

　2009年には、ヨーロッパ以外では初めてとなるIVVオリンピアードが日本の富士河口湖町で開催された。その組織委員会会長としての務めをはたした。

　その後、IVV加盟の国々を地域別にまとめようとの提案がなされ、IVVヨーロッパ、IVVアジア、IVVアメリカが発足し、日本、韓国、中国、台湾、インドネシアの5カ国が加盟するIVVアジアの会長を務めている。

　グローバル化した世界の中で、日本人がさまざまな分野で海外へ出かけ、交流を図ることの重要性が強調されている。現在のところウォーキングは、経済的に余裕の出た国々で行われている。私たちは、そのようないわゆる先進国へ出かけ景観を味わい、人々と会話し交流を図る。このような積み重ねによって、日本が将来取るべき道を見つけ出せるのではないかと思う。

　一方、経済的にまだ余裕を持っていないと思われる東南アジアの国々では、ウォーキングがそれほど普及していない。これらの国々に対して、積極的にはたらきかけ、ウォーキングの普及に協力すべきではないかと思う。というのも、経済発展の勢いのよい国々では、近い将来日本人が経験したように、過食、運動不足、その結果の肥満といった望ましくない状況になるだろう。その解消のために有効なウォーキングを勧める役を果たすべきだと思うからである。これは、政治家や経済人による政治・経済的な国際的交流ではなく、ふつうの国民間での交流といえるだろう。

　国の内外で、さまざまなウォーキング大会が行われている。それらのウォーキング大会へ参加することが、ウォーキングを実践する目的ではない。ウォーキングを継続していく上でよい動機づけになっているからである。大会へ参加すれば、ウォーキングを楽しむという同じ気持ちを持つ人と出会うことができ、友情が生まれる。そして、また会いたいという気持がわいてくるだろう。いろいろな大会へ参加すれば、出会いの機会が増え、新しい友人を得ることができる。このためには、ウォーキング大会を定期的に運営する組織が不可欠である（図1）。

　それらは、国内でいうと日本市民スポーツ連盟であり、日本ウオーキング

```
国際組織 ── 国際市民スポーツ連盟(IVV)
           国際マーチングリーグ・ウォーキング協会(IML・WA)
                          ↓ （大会の開催）
              IVVオリンピアード、IML大会
                          ↑ （大会参加）
              地域のウォーキング・クラブ
                          ↑ （情報の提供）
国内組織 ── 日本市民スポーツ連盟
           日本ウオーキング協会
```

（情報の交換）

図1　国際と国内組織とウォーキング大会

協会である。国際的には、国際市民スポーツ連盟（IVV）、国際マーチングリーグ・ウォーキング協会（IML・WA）である。国内組織も国際組織も、それぞれウォーキング大会を開催しているが、他方で両者は情報を交換し合って、国際的なスケールでたくさんのウォーカーたちへ伝達している。したがって、現在の行われているウォーキング大会へは、たくさんの国々からウォーカーが参加し、相互に友情を分かち合っているのである。そこでは政治や経済にかかわる利害関係のない人と人との出会いが生まれ、草の根の国際交流といえるだろう。

2016年3月

著者を代表して　宮下　充正

目次

はじめに ……………………………………………………………………… i

1 日本ウオーキング協会（JWA） ………………………………… 1

1. 協会の設立………………………………………………………… 1
2. 協会の発展………………………………………………………… 2
3. 任意団体から社団法人へ………………………………………… 3
4. 法人法改正にともない一般社団法人へ………………………… 4
5. マーチング・リーグの結成 ……………………………………… 5
   1）日本マーチング・リーグ ……………………………………… 5
   2）地域別マーチング・リーグ ………………………………… 10
   3）テーマ別マーチング・リーグ ……………………………… 10
6. 日本ウォーキング学会………………………………………… 12

2 国際市民スポーツ連盟（IVV）………………………………… 15

1. 国際市民スポーツ連盟の発足………………………………… 15
2. IVVの目的……………………………………………………… 15
3. IVVへの加盟…………………………………………………… 16

4．IVV と JVA の表彰制度 ………………………………………… 17
　　　1）表彰の目的 ……………………………………………………… 17
　　　2）参加認定スタンプの押印 …………………………………… 17
　　　3）参加記録認定について ……………………………………… 18
　　　4）距離記録認定について ……………………………………… 19
5．IVV オリンピアード ……………………………………………… 20
　　　1）第 6 回 IVV オリンピアード（イタリア） …………………… 20
　　　2）第 7 回 IVV オリンピアード（オーストリア） ……………… 21
　　　3）第 8 回 IVV オリンピアード（ベルギー） …………………… 22
　　　4）第 9 回 IVV オリンピアード（チェコ共和国） ……………… 24
　　　5）第 10 回 IVV オリンピアード（エストニア） ……………… 25
　　　6）第 11 回 IVV オリンピアード（日本） ……………………… 26
　　　7）第 12 回 IVV オリンピアード（トルコ） …………………… 31
　　　8）第 13 回 IVV オリンピアード（イタリア） ………………… 33
　　　9）第 14 回 IVV オリンピアード（中国） ……………………… 35
　　　10）2012 年のアジアンピアード（韓国） ……………………… 39
　　　11）2014 年のアジアンピアード（日本） ……………………… 40
　　　12）2014 年の韓国国際ウォーキングフェスティバル ………… 42
　　　13）2015 年のアメリカ市民スポーツ連盟総会 ………………… 44

3 国際マーチング・リーグ（IML） ……………………………… 47

1．日本スリーデーマーチ …………………………………………… 47
　　　1）オランダのナインメーヘンへの挑戦 ………………………… 47
　　　2）「日本スリーデーマーチ」の開催 …………………………… 47
　　　3）2012 年の日本スリーデーマーチ …………………………… 48
2．IML の発足 ………………………………………………………… 51
3．IML の発展 ………………………………………………………… 52
4．IML の表彰制度 …………………………………………………… 53

5. IML 大会 …………………………………………………………… 56
   1）1997 年のロトルア・ツーデー・ウォーク（ニュージーランド）…… 56
   2）1999 年のブランケンブルグ・ツーデー・マーチ（ベルギー）…… 58
   3）1999 年のベルン・ツーデー・マーチ（スイス）………………… 60
   4）2000 年のキャンベラ・ツーデー・ウォーク（オーストラリア）… 62
   5）2013 年のジョグジャ世界遺産ウォーク（インドネシア）……… 65
   6）2014 年、2015 年の台北国際快楽健行大会（台湾）……………… 68

附 日本市民スポーツ連盟からのお知らせ …………………… 73

1. 参加認定スタンプの押印………………………………………… 73
2. IVV ウォーキングパスポート会員……………………………… 74
3. 参加記録認定について…………………………………………… 75
4. 距離記録認定について…………………………………………… 75
5. 子どもウオーキングパスポート………………………………… 76

あとがき ……………………………………………………………… 77

日本ウオーキング協会 (JWA)

　世界中のさまざまなウォーキング大会へ参加する日本人の多くは、日本ウオーキング協会からの情報を得ている。そこで、まず、"歩く"に関連するわが国最大の組織である、日本ウオーキング協会について紹介しよう。

1. 協会の設立

　「日本ウオーキング協会」の前身である「日本歩け歩け協会」は、実質的には1964年10月東京オリンピック開催時に、早稲田大学の学生たちによって設立されたといってもよいだろう。

　1963年、早稲田大学精神昂揚会の大西七郎ら5名は、アメリカ大陸徒歩横断隊を結成し、西のサンフランシスコから東のニューヨークまで、約6,000 kmを歩いて横断する計画を立てた。そして、学生たちは、6カ月かけてアメリカ大陸を歩いて横断するのに成功した。彼らは、帰国後この体験を機会あるごとに語り、歩くことの重要性を日本人へ伝え続けた。

　1964年日本で初のオリンピックが開催されていたとき、次のような社説が朝日新聞に掲載された。

　　「日本人は、歩くことを忘れている。しかし、脚力がなくなれば体力もなくなってしまうだろう。オリンピックもいいけれど、それは一部競技者のものだ。歩きでも縄とびでもいいから、とにかく自分でやることだ。足を地につけて歩くことを忘れてはならない。」

　大西七郎らは、この社説に触発されて、東京オリンピックの開催期間中の

10月17日に、第1回の「歩け歩け大会」を開催した。この大会は、明治神宮絵画館前から世田谷区にあった東京学芸大学キャンパス内で行われていた「世界青少年キャンプ」まで歩くイベントで、約150名が参加した。

以後、毎月第1日曜日を歩く日として、イベントを定期的に開催し、1965年1月16日、東京の渋谷区民講堂で、「歩け歩けの会」の発会式が行われた。初代会長には八田一郎が選ばれ、事務局長には大西七郎が就任した。

「歩け歩けの会」は、機関誌「RKニュース」を発刊し、当面の活動は、毎月第1日曜日に行う例会が中心であった。この月例会の経験を活かして、1965年5月1日より5日にかけて、第1回富士山-東京150 kmビッグハイクを実施した。

東京オリンピック開催を契機に、政府は「体力づくり国民会議」を発足させた。その発足記念のウォーキング部門を、「歩け歩けの会」は主管した。また、第7回国立公園大会では、野外活動隊として初めて参加するなど、"歩け歩け運動"を全国民的運動とする展開が積極的に図られた。そして、1965年に「日本歩け歩けの会」、「日本歩け歩け運動本部」と名称が変更された。

2. 協会の発展

多くのボランティアに支えられ、協会は着実な発展をとげていった。1971年には会の名称を「日本歩け歩け運動協会」に変えた。そして、第4代事務局長となった木谷道宜は、精力的に取り組み、その企画力をもって協会の基盤を作り上げた。1974年、創立10周年を迎え、第2代会長として金子智一が就任した。また、10周年を記念して「アルコロジー運動宣言」が採択された。この新しい用語アルコロジーは、次のように説明されていた。

「アルキング(健康のために歩くこと)を通じて、人間未来の健康な生活を取り戻すこと、エコロジー(人間を含む生物とその環境の科学)を通じて、自然の大切さを学び、人間の生活に自然を取り戻すこと。完歩の喜びや世代を超えた親睦を通して、人間らしい喜びや心のふれあいを社会に取り戻すこと。健康だけでなく、自然や人間性を取り戻す運動がア

ルコロジー運動なのである。」

このように、歩けの運動は、単に健康のためばかりでなく、自然の保護と結びつく運動であり、かつ、人間らしさを取り戻す運動（ウォーキングルネッサンス）でもあることを宣言した。そして、会の名称は「日本歩け歩け協会（Japan Walking Association：JWA）」と変更された。

3．任意団体から社団法人へ

「日本スリーデーマーチ」（後述）を範として、各地の自治体が「日本歩け歩け協会」と共催でウォーキング大会を実施するようになった。しかし、統括する「日本歩け歩け協会」が任意団体では共催しにくいという地方自治体からの要望が強くなり、公益法人を目指す具体的な準備が進められた。

1983年5月公益法人設立総会を開き決議して、当時の環境庁に設立申請を行った。幸いにも、1983年6月に社団法人の認可を受けることができた。その定款には、目的を次のように定めている。

「協会は、歩け歩け運動に関する啓発及び、各種の事業を推進することにより、広く自然に親しみ、自然を守る豊かな心の涵養を図り、もって健康な明るい社会づくりに寄与することを目的とする。」

この目的の達成を図るため、次のような事業が列記されている。
①歩け運動の実践・育成に関する事業
②自然保護思想の普及・啓蒙に関する事業
③歩く環境の整備及び利用の促進に関する国及び地方公共団体の施策への協力
④前3号に掲げるもののほか、協会の目的を達成するために必要な事業

このように、環境庁所管の団体であったため、健康・体力づくりというよりは、自然保護思想の普及・啓発ということに重点が置かれていた。

その後、1996年には「平成の東海道五十三次」、1999年には東京の富岡八幡宮から出発し、一筆書きのように日本を一周する「伊能ウォーク」という、継続して長距離を歩くイベントが数年がかりで開催された。また、2007年

から 2015 年まで、ソウルから途中船に乗り東京まで歩く「朝鮮通信使ウォーク」が隔年に 5 回行われた。

4．法人法改正にともない一般社団法人へ

ウォーキングという言葉が、広く定着したため、2000 年に協会名を「日本ウオーキング協会」と改められた。

2001 年には、ワシントン DC から 5,000 km 離れたサンフランシスコまでの「アメリカ横断ウォーク」を読売新聞社との共催で計画し、広く学生たちへ参加を呼び掛ける募集を行った。応募してきた学生たちに、歩き続けられる健康と体力があるか、英語の知識があるかなどのテストを課して、男女 14 名の学生を決定して実施された（**写真 1-1**）。さらに、2003 年には、「平成・奥の細道」がスタートした。2005 年には、長い年月にわたって国民の健康増進運動にかかわってきた経歴から、環境庁から改組された環境省と、厚生労働省との共管法人となった。

2011 年に、協会内部の不正経理が明らかになり、急きょ「調査再建委員会」

写真1-1　2001年アメリカ横断学生チーム

表1-1　日本ウオーキング協会歴代会長

1965年	八田	一朗
1974年	金子	智一
1996年	江橋	慎四郎
2000年	田中	康彦
2002年	岡野	晴吉
2008年	村山	友宏
2011年	宮下	充正
2013年	小栗	正光
2015年	堀野	正勝

　が編成され、臨時総会においてその報告がなされた。それを受けて、役員の交代が行われ、宮下充正が会長に選任され、外部委員を加えた「再生委員会」が発足した。

　法人法の改正が図られていた折りであったが、経理、特に税務にかかわっての瑕疵があって、「社団法人日本ウオーキング協会」は公益社団法人への移行を申請する権利がないことが判明した。やむを得ず、2014年に一般社団法人となり、総会において時期をみて公益社団法人への移行を図ることが了承された。

5．マーチング・リーグの結成

1）日本マーチング・リーグ

　後で述べるが、1987年に「国際マーチング・リーグ」が結成された。その結成を受けて、1988年「日本スリーデー・マーチ」開催中に、東松山、洞爺湖、オホーツク、飯田、倉敷・瀬戸内、名護緋桜、九十九里（後の南房総）の7つのウォーキング大会が「日本マーチング・リーグ」（Japan Marching League：JML）を結成した。

　このJMLは、1月の鹿児島の指宿での大会から始まり、12月の沖縄の名護の大会まで、7・8月の暑い時期を除いて、順次2日間（3大会は3日間）にわたる大会を開催し、各地の大会の発展を図るとともに、全国ネットワー

写真1-2　日本マーチングリーグいぶすき菜の花マーチ：最初（1月）に開催

写真1-3　日本マーチングリーグ：しまなみ海道スリーデーマーチ：来島海峡大橋を渡るウォーカー

クを構築して"歩け運動"を全国規模で推進しようというものであった。その後、加古川、富士河口湖、鳥海奥の細道、高崎観音、三方五湖が逐次加盟し、1997年には12大会で構成されるようになった（**写真1-2～8**）。

写真1-4 日本マーチングリーグ北海道ツーデーマーチ：洞爺湖で初夏に行われる。羊蹄山を眺めながら湖畔を歩く

写真1-5 日本マーチングリーグでっかいどうオホーツクマーチ：オホーツク海を眺めながら暑い時期に行われる

　JMLは「日本ウォーカーパスポート」を発行し、リーグとしての表彰制度を設けた。北海道、沖縄を含めた全国7大会へ参加し完歩した人には「日本マスターウオーカー」を、12大会すべてを完歩した人には「スーパー・マス

写真1-6 日本マーチングリーグ奥の細道鳥海ツーデーマーチ：JRの臨時列車に乗ってスタート地点へ移動

写真1-7 日本マーチングリーグ九州国際スリーデーマーチ：幼稚園児も参加する。国際マーチングリーグ（IML）の1つ

ター・ウオーカー」を、さらにこれらの大会に30回参加し完歩した人には「金メダル賞」を送ることにした。この制度によって、多くの人たちへの大会参加を促し、継続参加の意欲を高め、全国のウォーカーの交流の場となった。

写真1-8 日本マーチングリーグ名護・やんばるツーデーマーチ：最後（12月）に開催される。歩き終わってみんなで乾杯

表1-2 日本マーチング・リーグ（JML）一覧

大会名	開催地	大会名	開催地
でっかいどうオホーツクマーチ	北海道	飯田やまびこマーチ	長野県
北海道ツーデーマーチ	北海道	加古川ツーデーマーチ	兵庫県
奥の細道鳥海ツーデーマーチ	山形県	SUN-IN未来ウオーク	鳥取県
日本スリーデーマーチ	埼玉県	瀬戸内倉敷ツーデーマーチ	岡山県
南房総フラワーマーチ	千葉県	瀬戸内しまなみ海道スリーデーマーチ	愛媛県
ウオーキングフェスタ東京	東京都	久留米つつじマーチ	福岡県
城下町おだわらツーデーマーチ	神奈川県	九州国際スリーデーマーチ	熊本県
若狭・三方五湖ツーデーマーチ	福井県	いぶすき菜の花マーチ	鹿児島県
富士河口湖もみじマーチ	山梨県	名護・やんばるツーデーマーチ	沖縄県

　表彰の対象は1日20 km以上完歩した人であるが、各大会はふつうの人たちの参加を促すために5、10 kmコースを設けたり、健脚なウォーカーのために30 km、40 kmのコースを設けたりと、競争ではないが各自が歩行能力に応じて挑戦できる機会を用意した。加盟大会は増減し、現在は18大会となっている（表1-2）。

　また、別に2000年から「オールジャパンウオーキング・カップ（All Japan

写真1-9 セブンハーバーズリーグ下田水仙マーチ—：満開の水仙とアロエの花の中を歩く

Walking Cup）という制度を発足させ、全国すべての都道府県の1〜2大会を認定している。これらの大会は、1月の静岡の下田市から始まり、12月の沖縄県の名護市で終わるように1年を通じて開催されている。JMLと同じように、「オールジャパンウオーキングパスポート」を発行し、完歩すれば次々と押印してもらえるようになっている。

2）地域別マーチング・リーグ

全国を、北海道、東北、関東・甲信越、東海・北陸、近畿、中国、四国、九州、沖縄の地域に分け、それぞれの県内の指定の大会を完歩すると表彰されるようになっている。この制度によって、地域のウォーカーが参加しやすくなり、同時に地域内での大会を組織・運営する人たちの交流の場となっている。

3）テーマ別マーチング・リーグ

明治時代の開国に際して窓口となった7つの港を歩く、「セブンハーバーズ・リーグ」が開催されている。また、「日本・温泉と健康ウオーキング・リー

写真1-10　日本・温泉と健康ウオーキング・リーグパスポート

写真1-11　日本・温泉と健康ウオーキングリーグおごと温泉・びわ湖パノラマウォーク：紅葉のきれいな西教寺（現在は9月に行われている）

グ」が霧島市、野沢温泉村、草津町、大津市、仙北市の5つの温泉場の大会が加盟している（写真1-9）。さらに、「島めぐりマーチング・リーグ」として、島根県の隠岐の島、長崎県の五島列島、沖縄県の本島の3つの大会が

表1-3　テーマ別マーチング・リーグ

■ 日本・温泉と健康ウオーキングリーグ（温泉リーグ）

大会名	開催地
瑠璃色ロマン神秘田沢湖ツーデーマーチ	秋田県
草津よいとーこ!!　ツーデーウオーク	群馬県
野沢温泉菜の花パノラマーチ	長野県
おごと温泉・びわ湖パノラマウオーク	滋賀県
龍馬ハネムーンウオークin霧島	鹿児島県

■ セブンハーバーズリーグ（港リーグ）

大会名	開催地
函館ツーデーウオーク	北海道
港よこはまツーデーマーチ	神奈川県
にいがた湊まち歴史ウオーク	新潟県
下田水仙ツーデーマーチ	静岡県
みなと町神戸ツーデーマーチ	兵庫県
海峡のまち下関歴史ウオーク	山口県
長崎ベイサイドマラソン＆ウオーク	長崎県

■ 日本・島めぐりマーチングリーグ（島リーグ）

大会名	開催地
とって隠岐スリーデーウオーク	島根県
長崎五島ツーデーマーチ	長崎県
名護・やんばるツーデーマーチ	沖縄県

加盟している（写真1-10、11、表1-3）。

6．日本ウォーキング学会

　1992年江橋慎四郎によってはじめられた「ウォーキング研究会」を引き継ぎ、1997年に日本ウォーキング協会を科学的に助言する組織として「日本ウォーキング学会」が発足した。第1回の学会大会が東京大学の山上会館講堂において開催され、その後毎年継続された。その成果として「ウォーキン

写真1-12　日本ウォーキング学会発行の研究誌

グ科学」（後に「ウォーキング研究」と改称）が発刊されてきた（**写真1-12**）。その第1巻の発刊に際し、次のような主旨の内容が書かれていた。

　"歩くために歩く"を、片仮名のウォーキングと表現するようになったのは、20世紀後半である。運動不足解消のために盛んになったウォーキングが、一時的なブームで終わるのか懸念されたが、21世紀に入っても人気は衰えず、その重要性は強調され、ますます実践する人口が増えている。
　ところで、"歩く"という人間の運動に関連した分野は実に広くさまざまで、次に列挙される事柄が考えられる。
　・乳・幼児の「歩く」動作の獲得過程にかかわる分野
　・脳神経系やからだの発達にかかわる分野
　・中高年齢者の健康・体力の保持増進にかかわる分野
　・脳梗塞、脊髄損傷などによる歩行困難者のリハビリテーションや歩装具にかかわる分野
　・下肢切断者むけの義肢、義足を考案する分野
　・理想的な「歩く道」を追求する土木工学的、あるいは社会学的分野

- 歩きやすい靴、服装を開発、製造する分野
- 寒冷地、高所など危険に遭遇することが予想される場所を「歩く」のにかかわる分野
- 競歩選手やクロスカントリースキー選手の競技力向上にかかわる分野
- 歩くロボットを開発する分野
- 成長期の児童・生徒に対する「歩き方」の指導にかかわる分野
- 舞踊、演劇などでの「歩く」にかかわる分野
- 「歩き方」の民族の違い、あるいは、文化の違いにかかわる分野
- 異文化交流、国際交流促進への「ウォーキング」の効用にかかわる分野

したがって、さまざまな分野の人たちが話し合うことによって、実りのある成果が上がることが期待される。

国際市民スポーツ連盟 (IVV)

1. 国際市民スポーツ連盟の発足

　国際市民スポーツ連盟（Internationaler Volkssportverband：IVV、英語では International Federation of Popular Sports）は、1968年に設立された。当時、ドイツではランニングがブームであり、性別、年齢別などによるクラス別のタイムを競う大会が各地で開かれていた。クラス別であるにせよ、タイムを競う大会が盛んになるにつれ参加者が増加し、参加制限のタイムを設けるほどになった。それゆえ、トレーニングを日常あまり積んでいないふつうの人には参加が困難となった。また、タイムを上げるための過度なトレーニングは膝、腰などに障害をもたらすことから、競争ではなくタイムの制限のない、だれでも参加できるウォーキングこそ奨励されるべきであるという主張がなされるようになった。そこで、ドイツを中心に、ヨーロッパの代表が集まって、競争ではなく、だれでも参加でき、健康の保持によい運動を進める組織として IVV が創設されたのである。

2. IVV の目的

　IVV は、それぞれの国内で結成されていたウォーキング・クラブを統括している各国の市民スポーツ連盟の連合体であるが、国を代表する組織のない国のウォーキング・クラブは、単独で加盟することが認められている。

この連合体であるIVVの目標は、次のように掲げられている。
①非競争的な野外でのスポーツを奨励することによって、すべての人びとの健康増進を図ること
②異なる国々での大会への参加を通じて友情を育み、国際理解を深め世界の平和の確立に寄与すること

以上のような目標を達成するため、具体的には次のような目的を掲げている。

「IVVの目的は、加盟団体を通じて非競争的なスポーツ・イベントを開催することであり、特に①法的、財政的な独立を認めつつ、国内の市民スポーツ団体の統括を図り、常に経験と見解の相互交換の奨励を通じて相互に支援し合うこと、②個人が、市民スポーツのイベントをくり返し参加することを認定し、IVVが定めた制度の表彰を得られるような権限を各加盟団体に与えること、である。」

なお、IVVの当面の種目としては、タイムや勝敗を競うことないウォーキング、サイクリング、スイミング、クロスカントリースキー、スケート（現在は、アクア・ウォーキング、カヌーイングを含む）などとし、参加者の健康・体力の増進に寄与することに主眼を置いた。

3. IVVへの加盟

1993年のIVV創立25周年記念総会に出席した江橋慎四郎は、日本市民スポーツ連盟の設立経過および活動の現状を日本ウオーキング協会において説明し、日本の加盟についての了承を得た。帰国後、日本市民スポーツ連盟（Japanese Volkssport Association：JVA）の設立総会を開催し、正式に発足し、江橋慎四郎が初代会長に就任した。その設立趣意書には、次のように書かれていた。

「大自然の鼓動に。おおらかな人間の生命のリズムが重なる。時代はいま、生活ステージと自然フィールドが響きあうスポーツを求めている。1960年代、世界の新しい世代によって実践された意識革命以来、競争や勝敗

表2-1 日本市民スポーツ連盟歴代会長

初　代	江橋　慎四郎
第二代	田中　康彦
第三代	宮下　充正
第四代	川内　基裕

にとらわれない"優しい生き方"が世界の人びとの共感を呼び始めた。・・中略・・1968年、勝敗を競うことのない4つのスポーツ（ウォーキング、サイクリング、スイミング、歩くスキー）による国際市民スポーツ連盟が、ドイツ、スイス、リヒテンシュタイン、オーストリアの4カ国によって設立された。この国際的な市民スポーツの輪は、ヨーロッパからアメリカに広がり、今では世界38カ国で実践され、そして、わが国はアジアで初めての正式加盟国として認められた。」

このようにして設立されたJVAは、1994年に開催されたIVV総会において加盟が正式に認められた。

4．IVVとJVAの表彰制度

1）表彰の目的

IVVの表彰は、IVVおよびJVAの公認の下に開催される市民スポーツ大会への参加を奨励するために行われる。対象種目は、ウォーキング、サイクリング、スイミング、歩くスキーなど、勝敗にこだわらない、競争ではないスポーツで、自然や人々との出会いふれあい、そして国際交流を深めるためのみんなのスポーツである（ただし、個人の記録のための計時は容認されている）。

2）参加認定スタンプの押印

世界各国におけるIVV公認大会および全国におけるJVA公認大会には、各国の市民スポーツ連盟（日本では日本市民スポーツ連盟）が各大会にそれ

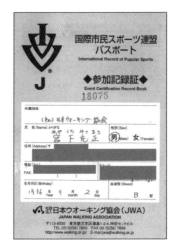

写真2-1　国際市民スポーツ連盟（IVV）パスポート：参加記録証

ぞれ独自の番号を決定し、IVV本部に報告の上、「番号スタンプ」が与えられている。各大会においてそのスタンプがパスポートに押印される。イヤーラウンドステーションにおけるウォーキング、JVA加盟団体の例会などにおけるガイド・ウォーキングも同様である（写真2-1）。

3）参加記録認定について

　表彰は10回目、30回目、50回目そして、それ以上600回までは25回ごとに、600回以上1,500回までは50回ごとに、1,500回以上は100回ごとに表彰される。表彰には、それぞれの表彰回数ごとに表彰状（認定証）と、それぞれ異なった世界共通のIVV認定ハットピンと、IVV認定ワッペンが与えられる。

　参加記録達成者は、達成済みの参加記録証パスポートと申請料1,000円をJVAへ郵送すれば、各回数別の表彰状（認定証）と各回数別のハットピンとワッペンおよび新しいパスポートが折り返し送られる。なお、最初の10回記録達成時には、当人の総記録をドイツの本部で記録するため、記録登録証明カード（会員証）を一緒に送る。そのため30回以降の表彰時には、そのカー

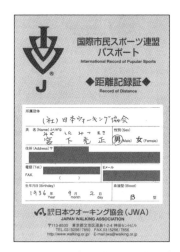

写真2-2　国際市民スポーツ連盟（IVV）パスポート：距離記録証

ド（会員証）を添付する。

（1,000円の内容は、表彰状（認定証）と国際本部からのハットピン、ワッペン代および記録達成証明書つきの新しいパスポート代並びにその郵送代と記録登録料）

4) 距離記録認定について

最初の表彰は500 km、500 km以上8,000 kmまでは500 kmごとに、8,000 km以上22,000 kmまでは1,000 kmごとに、22,000 km以上25,000 kmまでは3,000 kmごとに、25,000 km以上は5,000 kmごとに表彰される。表彰には、それぞれの達成距離ごとに表彰状（認定証）とそれぞれ異なった世界共通のIVV認定ハットピンと、IVV認定ワッペンが与えられる（写真2-2）。

距離達成者は、達成済みの距離記録証パスポートと申請料1,000円をJVAへ郵送すれば、距離数別の表彰状（認定証）とハットピンとワッペン、および新しいパスポートが折り返し送られる。なお、すでに記録登録証明カード（会員証）を持っている人は一緒に送付する（写真2-3）。

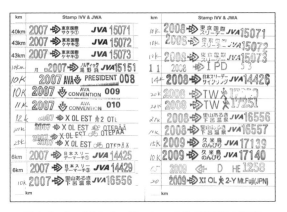

写真2-3　IVVパスポートへの歩行距離の認印

（1,000円の内容は、表彰状（認定証）と国際本部からのハットピン、ワッペン代および記録達成証明書つきの新しいパスポート代並びにその郵送代と記録登録料）

5. IVVオリンピアード

IVVは、国際交流を促進するために1989年以来、2年に1回"勝ち負けのないスポーツの祭典"「IVVオリンピアード」と称する大会を開催してきた。1999年以来、私（宮下）は毎回参加してきた。以下、その体験記を紹介しよう。

1）第6回IVVオリンピアード（イタリア）

イタリアのビビオーネで1999年開催された。ビビオーネはアドリア海の奥に位置した保養地である。広々とした砂浜に面して、いくつものリゾート・ホテルが立ち並んでいる。ウォーキングとサイクリングは、海の見えるところから内陸部の田園地帯を一周するルートを行く。パスポートを担保に借用したギアチェンジのできる自転車で、地中海からのさわやかな風を切って気持ちよく走ることができた。スイミングは、予定では地中海で行うことになっていたが、波で荒れているのでプールに変更された。プールは25ｍで加温

写真2-4 第7回IVVオリンピアード（チロル）：パレード前に集まった日本チーム

装置は無く水温は20度以下と低く、足が着かないほど深かった。数人の日本人が挑戦したが、冷たさに耐えられず25mか50mで水から上がってしまった。若いころ水泳選手であった私（宮下）は、なんとか規程の最低距離300mを泳いだ。

2) 第7回IVVオリンピアード（オーストリア）

オーストリアのゼーフェルドで、2001年に開催された。6月下旬のもっとも気候のよい時期であった。ここは、チロルと呼ばれる観光地で、絵にかいたような小規模のホテルが谷間に立ち並び、牧場には花々が咲き乱れ、遠くには雪を頂いた峰々が眺められる（**写真2-4**）。

初日の夕方、各国からの参加者が国旗を先頭に、町の広場まで行進し開会式が行われた。ウォーキングは、ほとんど車の通らない森の中を巡るルートであった。サイクリングは、バスで大きな川が蛇行する谷底まで送ってもらい、そこから川沿いの平坦な道を走った。サイクリングのスタートとフィニッシュの地点に、屋外の温水50mプールがありスイミングができた（**写真2-5**）。

22　2　国際市民スポーツ連盟（IVV）

写真2-5　第7回IVVオリンピアード（チロル）：サイクリングを楽しむ

写真2-6　第8回IVVオリンピアード（ゲンク）：開会式会場で外国のウォーカーと

3）第8回IVVオリンピアード（ベルギー）

　ベルギーの首都ブリュッセルから100kmほど離れたゲンクで、2003年に開催された。開会式が行われたのは、立派なスタンドつきの陸上競技やサッカー競技が行われる競技場であった（**写真2-6**）。国名が書かれたプラカードを持った少女の後から、各国の代表が国旗を掲げてトラックを行進し、一般参加者はスタンドから見物するという方式がとられた（**写真2-7**）。この競技場が、ウォーキングとサイクリングのスタートとフィニッシュである。ウォーキングは、競技場から丘に登り市街地を一望した後、街中へ下りて行

写真2-7　第8回IVVオリンピアード（ゲンク）国名のプラカードを持つ少女と

写真2-8　第8回IVVオリンピアード（ゲンク）：水泳好きの人たちと

くルートである。ウォーキング・ルートの途中に、市民に開放された大きなプールがあり、日本人数人と一緒に泳いだ（写真2-8）。サイクリングは、池がいくつも並んだ公園を抜けて、大きな川の堤防の上の道を走るといった平坦であるが変化に富んだルートであった（写真2-9）。

　午後3時ごろフィニッシュ地点へ戻ると、大きなテントの中で10名ほどのボランティアがタンクから生ビールをそそぎ、一杯1ユーロで売っていた。

写真2-9　第8回IVVオリンピアード（ゲンク）：サイクリング池の畔で一休み

写真2-10　第8回IVVオリンピアード（ゲンク）：歩き終わってビールで談笑

歩き終わって、ビール片手に、外国人と手まねを交えて片言の英語でしゃべるのも楽しいものである（写真2-10）。

4）第9回IVVオリンピアード（チェコ共和国）

　チェコ共和国のピルセンで、2005年に開催された。初日の開会式は、市の中心にある大きな教会の前の広場で行われた。この広場がウォーキングとサイクリングのスタートとフィニッシュになっていた。プールはやや離れたところにあり、正式な水泳競技会ができる大規模なものであった（写真2-

写真2-11　第9回IVVオリンピアード（ピルセン）：フラッグパレード

11）。

　ピルセンは中世から続く大きなビール工場があり、ここで歓迎パーティが開かれ、おいしい生ビールを好きなだけ飲むことができた。

5）第10回IVVオリンピアード（エストニア）

　バルト海に面したエストニアのオテパで、2007年に開催された。初日の開会式は、クロスカントリースキーのスタートとフィニッシュになるスタンドつきの広場で行われた。夕方、国名を書いたプラカードと国旗を先頭に、参加者2,000名近くが入場行進を行った。

　4日間、ほとんど快晴であったが、ときどき集中的に雨が降る中、6 km、12 km、20 km、42.195 kmのウォーキング、25 kmのサイクリング、300 m、500、1,000 mのスイミングという、さまざまな種目が用意され、参加者たちは好みと体調に合った種目を選択、楽しんでいた。

　エストニアは海を挟んでフィンランドに接しているので、森と湖の国といってもよいだろう。宿泊したホテルは、古風な木造の建物である。玄関を入るとすぐに大きなサウナがあった。玄関を出て2〜3分坂を下ると小さな

湖へ出る。サウナで十分に汗をかき、タオルを腰に巻いてゆっくり下りていくと、ほてったからだはしだいに冷えていく。湖の水温は23〜25度で、ちょっと冷たく感じたが気持ちよく泳ぐことができた。

閉会式では、エストニアの人たちから次回開催地である日本の富士河口湖町の人たちへ、大会旗が手渡されるという儀式が行われた。

6）第11回IVVオリンピアード（日本）

前述したように、日本市民スポーツ連盟は1993年に創設された。そして、ドイツを中心に1968年に結成された国際市民スポーツ連盟（IVV）へ1994年正式に加盟した。その後、IVVへ加盟する国は、ヨーロッパばかりではなく、南北アメリカ、アジアに広がり、2015年には50カ国を超えるに至っている。

また、IVVは、1989年から2年に1回、「IVVオリンピアード」と称する、勝ち負けを争わないウォーキング、サイクリング、スイミングの世界大会を開催してきた。第6回大会以来連続して参加してきた私（宮下）は、毎回たくさんの人々が楽しそうに参加するのをみて、この大会を日本でも開催したいという気持ちが強くなった。

しかし、それまでがヨーロッパの国々でしか開催されず、参加者も大部分がヨーロッパの人たちであった。そのため、日本で開催となると、旅費が余分にかかることが心配された。そこで、私（宮下）は「IVVは国際組織であるから、ヨーロッパ以外でも「IVVオリンピアード」を開催すべきであり、日本はその受け入れが可能である。ついては、旅費がかかるが、もし決まったら日本へくる気持ちがあるかどうか」、と2003年ハンガリー、ゲンクでの総会において発言した。幸い、出席した80％近い人びとが参加の意思を示してくれた。帰国後、（社）日本ウオーキング協会の人たちと相談したところ、是非開催しようという気運が高まった。そして、2004年デンマークのオーデンセの総会において、日本は2009年に第11回「IVVオリンピアード」を開催する用意があることを表明した。

その後、日本ウオーキング協会の人たちと、世界的に名前が知れわたっている場所であり、しかも地元の関係者がウォーキング・イベント開催の経験

写真2-12　第11回IVVオリンピアード（富士河口湖町）：マスコット・キャラクター

があるという条件で、開催地の選定に当たった。そして、毎年"もみじマーチ"を開催している富士河口湖町と"ぐるりんウオーク"を開催している山中湖村を中心に、地元の人たちの承諾を得て富士山北麓で行うことを決定した。

　前述した2005年チェコ共和国ピルセンの総会において、日本の富士山・富士五湖において「IVVオリンピアード」を開催したいと提案した。それまで、機会あるごとに日本が開催の用意があると発言してきたため、他の国からの立候補がなく、2006年イタリアの南チロルの総会において正式に日本開催が承認された。

　第11回「IVVオリンピアード」が日本で開催されることが正式に決定され、シンボルマーク、マスコットキャラクター、キャッチフレイズなどを公募した。そして、エストニアのオテパで開催された第10回「IVVオリンピアード」において、富士河口湖町、山中湖村の人たちが中心となって、各国からの参加者に対して大々的な宣伝活動を行った（写真2-12）。

　なお、その際の総会においてIVV役員の改選があり、私（宮下）が筆頭副会長に選出された。そして、その後の役員会議に出席する機会を得て、会長など他の役員との情報交換が直接でき、大会開催の準備が円滑に伝えられる

写真2-13　第11回IVVオリンピアード（富士河口湖町）：フラッグパレード

写真2-14　第11回IVVオリンピアード（富士河口湖町）：スタートする参加者たち

ようになった。

　さらに、組織委員会と実行委員会とが協議を重ね、詳細な大会要綱が作成され、2008年イギリスのヨークでの総会において大会プログラムの概要が承認された。そこで、各国代表に向かって、渡辺凱保（富士河口湖町長）実行委員長が歓迎する旨の挨拶を行った。日程は、下記のとおりであった（写真2-13、14）。

　5月14日　ウォーキング（5km、10km）
　　　　　　フラッグパレード

写真2-15　第11回IVVオリンピアード（富士河口湖町）：フィニッシュするウォーカーたち

写真2-16　第11回IVVオリンピアード（富士河口湖町）：富士山を眺めてサイクリング）

　　　　　開会式
5月15日　ウォーキング（5 km、10 km、20 km、42.195 km）
　　　　　サイクリング（25 km）
　　　　　スイミング（300 m、500 m、1,000 m）
　　　　　アクアウォーキング（300 m、500 m、1,000 m）
5月16日　ウォーキング（5 km、10 km、20 km、42.195 km）
　　　　　サイクリング（25 km）

　　　　　　スイミング（300 m、500 m、1,000 m）
　　　　　　アクアウォーキング（300 m、500 m、1,000 m）
　5月17日　ウォーキング（5 km、10 km、20 km）
　　　　　　閉会式

　上記のように、大会開催にいたる準備は順調に進んできたが、2008年後半の世界的な経済不況、なかでも、円高は外国からの参加者にとっては想定以上の経費負担増となり、参加者数の減少が懸念された。さらに、2009年に入っての新型インフルエンザの世界的流行は、開催そのものが危ぶまれるほど騒がれるにいたった。しかし、22カ国741名の外国人、8,962名の日本人が登録した。そして、大会当日は天候に恵まれ、下記のような参加者があった（**写真 2-15、16**）。

　5月14日　外国人　739名、日本人　6,804名
　　　　　　ウォーキング　7,543名
　5月15日　外国人　741名、日本人　8.962名
　　　　　　ウォーキング　9,703名
　　　　　　サイクリング　138名
　　　　　　スイミング　91名
　　　　　　アクアウォーキング　53名
　5月16日　外国人　741名、日本人　3,867名
　　　　　　ウォーキング　4,608名
　　　　　　サイクリング　208名
　　　　　　スイミング　117名
　　　　　　アクアウォーキング　71名
　5月17日　外国人　741名、日本人　3,806名
　　　　　　ウォーキング　4,547名

　結果的に、内外のたくさんの参加者から、"これまでの最高"という評価を得ることができた。このように、第11回「IVVオリンピアード」が成功裡に終了できたことは、地元の人たちの献身的なはたらき、山梨県、富士山北麓の市町村など行政からの人的、経済的支援、スポンサー企業からの資金援助、

写真2-17　第12回IVVオリンピアード（アンタリア）：フラッグパレード

写真2-18　第12回IVVオリンピアード（アンタリア）：民族衣装の子どもと

その他日本ウオーキング協会などの関連する団体の協力があったからである。

7）第12回IVVオリンピアード（トルコ）

　第12回は、2011年地中海に面したトルコのアンタリアで開催された。前回日本で開催されたこともあって、200名近いたくさんの日本人が参加した。イスラム教の国であり、毎日決まった時刻に、コーランが響き渡り異国情緒を味わうことができた（写真2-17、18）。

写真2-19　第12回IVVオリンピアード（アンタリア）：地中海を見下ろすルート

写真2-20　第12回IVVオリンピアード（アンタリア）：地中海で泳ぐ

　ウォーキング、サイクリングは、これまでの大会とほとんど同じであったが、スイミングは、地中海の2カ所で行われた。岸からブイに縛られた浮きのラインが岸から沖に向かって延び、50 mほど沖で左に直角に曲がり、岸と平行に張られた浮きのラインが100 m延びている。1往復300 mである。1回か、2回か、3回で終りという設定であった。底が見えないのがやや不安であったが、思ってもいなかった海水浴を楽しむことができた（**写真2-19、20**）。

写真2-21　第13回IVVオリンピアード（ドロミテ渓谷）：フラッグパレード

写真2-22　第13回IVVオリンピアード（ドロミテ渓谷）：渓谷の道を歩く

8）第13回IVVオリンピアード（イタリア）

　第13回は、イタリア北部の南チロルと呼ばれる、世界自然遺産に登録されている「ドロミテ渓谷」で行われた。日本からは約100名のウォーカーが参加、次回は中国の成都で行われるので、120名ほどの中国人の参加があった。ヨーロッパ諸国の人たちは、バスや自家用車を利用すれば数時間で来られるので、事前登録者は3,200名と聞いた。

写真2-23 第13回IVVオリンピアード（ドロミテ渓谷）：トレッキングコースを歩く

写真2-24 第13回IVVオリンピアード（ドロミテ渓谷）：室内プールで泳ぐ

　初日は、恒例のフラッグパレードで、人口芝のサッカー場からブラスバンドを先頭に、組織委員会のメンバー、IVVの役員に続いて、各国の参加者が国名と国旗を掲げて開催式の行われる室内体育館までの約1kmを行進した（写真2-21）。

　「ドロミテ渓谷」の上流沿いに数kmずつ離れて3つの町がある。これら3つの町が、ウォーキングとサイクリングのスタートとフィニッシュになっていた。ウォーキングは、ハイキング／ノルディック・ウォーキングと名づけられていて、各町に5、11、18、24kmのコースが用意されていた。27日

写真2-25　第13回IVVオリンピアード（ドロミテ渓谷）：ルート沿いに立つキリストの像

だけセルバ・ゴルデナで、42.195 kmのマラソンコースが用意されていた（写真2-22、23）。スイミングは、オルテッセイで行われ、混雑が予想されたのであろうか距離は300 mと決められていた（写真2-24）。これら3つの町に参加者が分散して宿泊していたことからシャトルバスが運行され、毎日好みのコースを選択して歩くことができた。

　気温は朝晩が5度以下、日中は15〜18度で、初日、2日目は快晴、3日目は小雨、4日目は快晴、とウォーキング日和であった。夏はハイキングやトレッキングのメッカといわれるほどで、歩道が縦横に整備されていた。近くに雪を頂く高山を仰ぎ、色とりどりの小さな花が咲き乱れるウォーキングは2度と味わえないと思われるほどであった。また、いくつかのトレッキング・ロードには、キリストの一生を刻んだ彫刻が並んでいて、キリスト信仰の地という思いを改めて感じた（写真2-25）。

9）第14回IVVオリンピアード（中国）

　「IVVオリンピアード」がヨーロッパを離れて初めて、2009年に日本の富士河口湖町で開催された。その後、トルコのアンタリア、イタリアのドロミ

写真2-26　第14回IVVオリンピアード（成都）：パンダの人口飼育で有名

写真2-27　第14回IVVオリンピアード（成都）：国名が書かれたプラカードを持つ少女と

テと続き、再びアジアに戻り、パンダの飼育で有名な中国の成都で第14回が開催された（**写真2-26**）。中国内部に位置し交通が不便なため、海外からの参加者が少ないのではと心配されたが、ヨーロッパから約500名、アメリカ、カナダから約80名、日本、韓国、台湾から40名ほどが参加し、中国人5,000名ほどが混じって国際色豊かであった。

写真2-28　第14回IVVオリンピアード（成都）：フラッグパレード

写真2-29　第14回IVVオリンピアード（成都）：自転車兼用の遊歩道

　ウォーキングとサイクリングの会場は「白鷺湾湿地」と名づけられた大規模な自然保護地域内であった。中国政府が多人数の集会に敏感で、ウォーキング、サイクリングの大会であっても、警察、保安といった制服を着た人たちによって厳重な入場検査が行われていた。

　初日のフラッグパレードには、夕方から人びとが集まり出し、巨大なホール（花博覧会のときに建造された巨大なガラス張りの温室）に向かって各国

写真2-30　第14回IVVオリンピアード（成都）：参加認定証

の国旗を先頭に行進した（**写真2-27**）。数千人の参加者は並べられた椅子に着席、これまでのIVVオリンピアードでは見られなかった華やかな演出の下に開会式が行われた（**写真2-28**）。

　ウォーキングとサイクリングは、5、11、22 kmのルートが設定されていた。湿地帯の中に流れる川、あちこちにある池の間を縫うように曲がりくねった舗装された周回路であって、周囲には日本でも見られる木々が植えられていて、折からの中秋の名月で、銀杏の木からは銀杏が落ちていたし、金木犀のほのかな香りが漂っていた。また、大きな芙蓉の木にはピンクの花が満開であった（**写真2-29**）。ところが、3日間同じルート設定であったので、参加者は不満のようで、次の日は矢印とは反対周りをする人が見かけられた。サイクリングは、生活の中でいつも使っているからか、中国人には人気で大勢が並んで走っていた。また、別会場のスイミングは、低水温ということと、案内が不十分で残念ながら泳ぐことができなかった。

　最終日の閉会式会場に人々が集まり、午後2時に閉会宣言がなされ、大会旗が次回開催国（2017年コブレンツ市）であるドイツの人たちに手渡された（**写真2-30**）。

写真2-31　第1回アジアンピアード（順天）：河口の湿地帯

10) 2012年のアジアンピアード（韓国）

　国際市民スポーツ連盟の機構改革によって、日本、韓国、中国、台湾が加盟して「アジア市民スポーツ連盟：AVVアジア」が2010年10月に発足した。そして、「IVVオリンピアード」が行われない偶数年に「アジアンピアード」を開催することを決めた。

　その第1回「アジアンピアード」が、韓国順天市で5月25、26日に開催された。同時期にIVV役員会も開かれたため、10カ国以上の国々からの参加があった。特に日本からは、国際マーチングリーグ（IML）の認定スタンプが押してもらえるということで、70名近いウォーカーが歩いたり、泳いだりした。

　人口27万人の順天市の中央を流れる東川は、ラムサール条約に登録された順天湾の干潟に向かって流れている。田植え真最中の水田から葦畑へと広がる順天湾には、木道が整備され、休日とあってたくさんの観光客が訪れていた（**写真2-31**）。

　初日は市内の体育館、室内プールと並んである陸上競技場を出発点として、東川の左岸を、2日目は右岸を、それぞれ山側の道を行き、帰りは川に沿った土手道を帰るというルートであった。ウォーキングは42.195 km、25 km、

写真2-32　第1回アジアンピアード（順天）：歩き終わって冷たいプールで泳ぐ

10 km、5 km、サイクリングは50 km、25 km、スイミングは300 m、500 mである。

　初日は、女性ガイドと一緒に歩き始めた。丘へ上って展望台から湿原の全景を眺め、丘から下りて木道へと出た。ちょうど干潮でムツゴロウが飛び跳ねているのを見て、子どもはもちろん、大人たちまでが大喜びの様子であった。

　帰りの土手道はコンクリートで、しかも太陽をさえぎる1本の木もないので、直射日光を浴びての2時間のウォーキングとなる、30度をはるかに越えていたと感じられた。

　到着してすぐに、隣にあるプールへ行き300 m泳ぎ、火照ったからだを冷やし生き返った気分となることができた（写真2-32）。

11）2014年のアジアンピアード（日本）

　第2回「アジアンピアード」は、埼玉県東松山市で行われる「日本スリーデーマーチ」に組み込まれる形式で行うことにした。

　IVVの会長、副会長、事務局長、会計の4役が来日してくれた。前日の10月31日夕方に歓迎パーティーが行われ、外国からの参加者が招待された。

写真2-33　第2回アジアンピアード（東松山）：IVV会長とサイクリング

写真2-34　第2回アジアンピアード（東松山）：昼食会場となった森林公園

　東日本大震災と原発事故の風評で外国からの参加者はここ数年100名以下と減少していたが、2014年は200名を超える参加者があった。外国人が増えた背景に、「アジアンピアード」の同時開催も一役買ったと思われた。
　初日は、雨が降るあいにくの天候であったが、2万人を超える参加者があり、「日本スリーデーマーチ」の人気の高さに驚いた。この日の午後、IVVアジアの代表者会議があり、私（宮下）が次期会長に推挙され、第3回の「アジアンピアード」は2016年に台湾の台北市で行うこと、第4回はインドネシアのジョグジャカルタで開催（予定）することが決まった。

写真2-35　国際ウォーキングフェスティバル（ソウル）：自転車と平行する遊歩道

　2日目は午前中快晴、午後曇りという天候で4万人近い参加者があり盛況であった。サイクリングはウォーキング・ルートの途中にある森林公園内の常設コースで、自転車を借りて行われた。IVV会長と一緒に14 kmの起伏のあるカーブの多いコースを一周、1時間ほどかかった。久しぶりの自転車でバランスを失いやすく、転倒しないように慎重な運転で、肩や腕が緊張のしっぱなしで疲れてしまった（写真2-33）。

　3日目は曇りのち晴れ、借用した25 m室内温水プールで、快適にスイミングを楽しむことができた。IML（国際マーチングリーグ）の公認大会である「日本スリーデーマーチ」に組み込まれて、第2回アジアンピアードは無事終了できた（写真2-34）。

12) 2014年の韓国国際ウォーキングフェスティバル

　第20回国際ウォーキングフェスティバルが、ソウル市で開催された。第20回というのは、韓国原州で開催されてきた国際ウォーキング大会（IML）から数えてのことで、数年前、韓国では国際マーチングリーグ（IML）と国際市民スポーツ連盟（IVV）とへ加盟する団体が2つに分かれ、IVV傘下の

写真2-36　国際ウォーキングフェスティバル（ソウル）：ロッテワールドが見える公園の池

韓国体育振興会がこのフェスティバルを主催するようになったのである。

　スタートとフィニッシュとなった会場は、新しく開発された大規模な住宅街の中央に造られた巨大なショッピングモールにある広場。地下鉄の終着駅になっていて、市民が集まりやすい場所であった。

　舞台の上で開会のイベント（初日は他のウォーキング大会では見られないアラビア風の女性の踊り、2日目は少年たちの空手の模範演技）が行われ、関係者の挨拶の後、25km、10km、5kmの順に出発して行った。1日目は広い歩道から、幅30mぐらいの川に沿って歩き、合流した"炭川"の河川敷に造られた歩行と自転車専用道路が並行しているところを歩く（写真2-35）。

　2日目は、同じ"炭川"の下流から韓国一の大河"漢江"へ向かって歩く。平行して造られている自転車ロードは、絶え間なくヘルメットを被った人たちがサイクリングを楽しんでいた。7kmほど下ったところで橋を渡り"ロッテワールド"の遊園地が見渡せる池の畔に出る。一休みをして広い幹線道路に沿った広い歩道を歩きフィニッシュした（写真2-36）。

　国際大会であるから、スイスから2名、日本からは「21世紀の朝鮮通信使」

写真2-37　国際ウォーキングフェスティバル（ソウル）：大連から船でやってきた中国のウォーカーたち

参加のメンバーが10名ほど一緒に歩いた。2日目は、中国の大連のウォーキングクラブ会員約350人が参加しているのには驚いた。地域ごとであろうか、グループごとにIVVのマークの入った旗を振ってにぎやかな行進であった（写真2-37）。東松山の「日本スリーデーマーチ」へもたくさんのアジアの人たちが参加する予定と聞いている。ウォーキングは"草の根"の国際交流の役目を果たしていると、実感した大会であった。

13）2015年のアメリカ市民スポーツ連盟総会

　広いアメリカの連盟は、10地区の支部から構成されていて、2年に1回総会が開催される。2015年は19回目に当たり、オレゴン州の州都セーラムで行われた。IVVアジア会長として参加しないかという招待状が会長から届いた。交流を深めるのに役立つのではと応じることにした。2007年のカリフォルニア州サクラメントで開催されて以来のことである。当時はIVVオリンピアードが河口湖で開催されることが決まっていたので、参加を呼び掛ける挨拶をした。

　アメリカでは、総会が2年に1回の開催ということで、長い期間にわたって行われる。2015年は、6月13、14、15日はプレ総会ウォーキングが開催され、16～19日が総会。その後、20、21日にも総会後ウォーキング（計9回）

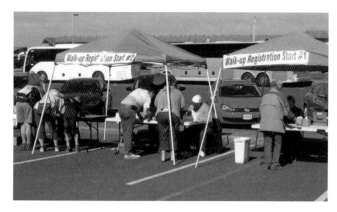

写真2-38　アメリカ市民スポーツ連盟総会ウォーク（セーラム）：登録受付

写真2-39　アメリカ市民スポーツ連盟総会ウォーク（セーラム）：太平洋の海岸を歩く

が用意されている。組織委員長の挨拶では、"歩き、学び、友情を深めよう"と呼び掛けていた。総会のある日は、朝6時30分からバスで景勝地へ行きそこを歩く。昼に帰って来てそれぞれ興味のある研修会（計19回）に出席、そして総会（3回）と続く。

　私（宮下）は、日本で行われ始めた"歩行困難者むけのポール・ウォーキング"と最近開発した"水中ポール・ウォーキング"について紹介した。出席者は興味を引かれたようで、終了後持参したポールを手に持って確かめにきた。総会では紹介され、日本や東南アジアへ是非歩きに来ていただくよう挨

拶した。

　2日間は市内の公園内のウォーキングを楽しみ、1回は 80 km ほど離れた太平洋の海岸を歩いた。日本の多くの海岸と違って、漂流物のないきれいな砂浜が長く続き、スケールの違いを実感した（**写真 2-38、39**）。

　総会では、次期会長、副会長、その他の役員の改選が行われた。会長と副会長は 2 名ずつの立候補があり最終日の投票で決まる。また、次期の総会の会場は、モンタナとニューヨークから申し込みがあり、これも投票で決める。

　ところで、大会のパンフレットには、過去 2 年間に亡くなった会員（228 名）の氏名と、寄付をした人の氏名も記載されていて、まだ 3 万ドルほどなので、目標の 7.2 万ドルへ是非お願いすると書かれていた。

　サイレント・オークションという催しが、ホテルの 1 部屋を借りて開かれていた。会員が持参した品々を机上へ置き、そこに氏名と購入金額を書き込む用紙が置いてある。後から前の人より多い金額を書き込んで行くという、サイレントに（黙って）値を釣り上げていくという方式である。いずれの品にも 10 名近い人が署名していた。最終日に売上すべてが連盟へ寄付されるそうである。

　とにかく、参加費が高いのには驚いた。全部参加する場合は、505 ドル、1 日参加は 85 ドルである。経済的に余裕のある人たちの組織であると推測できた。歩く人の 95％ 以上がいわゆる白人であった。

3 国際マーチング・リーグ (IML)

1. 日本スリーデーマーチ

1) オランダのナインメーヘンへの挑戦

1976年日本人で初めてナインメーヘンのフォーデーズマーチに参加し、50 km を4日間歩き通したのは、後に会長となった村山友宏であった。翌年には、団体を組んで大会へ参加した。この4日間のウォーキング大会の経験から、日本でも同様の大会を開催しようという機運が高まった。

2) 「日本スリーデーマーチ」の開催

1978年、第1回「全日本スリーデーマーチ」が、群馬県新町において開催された。しかし、参加者が多いこと、宿泊施設が十分でないこと、交通が不便なこと、などの理由から会場を埼玉県東松山へ移すことが決まり、1980年、第3回「日本スリーデーマーチ」が、11月1日から3日間開催された。

その後、回を重ねるごとに延べ参加者数が増加し、最近では8万人から10万人となった（**写真3-1**）。そのテーマは、共同主催者である朝日新聞社のコラム「天声人語」に掲載された「楽しみながら歩けば風の色がみえてくる」である。

48　3　国際マーチング・リーグ（IML）

写真3-1　日本スリーデーマーチ（東松山）：日本最大の日本スリーデーマーチ大会

写真3-2　第35回日本スリーデーマーチ（東松山）：開会式

3) 2012年の日本スリーデーマーチ

　第35回となる「日本スリーデーマーチ」が、2012年11月2、3、4日に秋空の下で開催され、私（宮下）は日本ウオーキング協会会長として参加した。初日、まだ薄暗い早朝50 kmの出発式に出席、市長の歓迎の挨拶、ゲストのマラソンのメダリスト有森祐子さんと激励の挨拶をした（写真3-2）。さすが日本最大の大会、たくさんのウォーカーがスタートして行った。その1時間後、30、20、10、5 kmコース合同の出発式で再び挨拶し、朝食を摂った後10 kmコースを歩いた。東京近郊の中都市の特徴で、駅の裏側の整備

写真3-3　日本スリーデーマーチ（東松山）：ヨーロッパからの参加者が表彰される

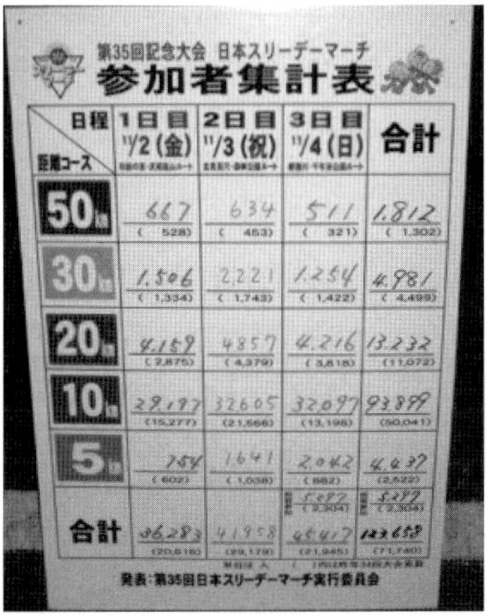

写真3-4　日本スリーデーマーチ（東松山）：参加者12万人を超える

された戸建ての瀟洒な住宅街を抜けると、誘致した工場団地の中を歩く。そして、駅から遠くなるにつれて名産の栗林が続くようになる。

　2日目、森林公園往復の10kmを歩いた。紅葉にはやや早いが、刈り取った田んぼの向こうに赤い実をつけた柿の木が青空を背景にとてもきれいであった。すでに述べたように「日本スリーデーマーチ」は、国際マーチング・リーグ公認大会である。リーグ結成当時の8つの大会を完歩すると"国際マスターウオーカー"の称号が授与される。ヨーロッパのウォーカーは、遠く

写真3-5　日本スリーデーマーチ（東松山）：IML完歩証

離れた日本のこの大会に参加しないともらえない。この年は2名の日本人を含め30名を越える人たちへ"国際マスターウオーカー"の称号を授与し、東松山市からも副賞が贈呈された（写真3-3）。

　スタートとフィニッシュとなる大きな広場には、地元商工会の仮店舗、全国のウォーキング大会開催地の宣伝を兼ねた名産品の販売テント、ウォーキング関連企業の直売店など100以上のテントが並んでいた。歩き終わったウォーカー以外にも、大勢の市民が訪れ広場は1日中大賑わいであった。

　3日目は、雲1つ無い晴天。出足好調でたくさんのウォーカーが参加した。13時から、高校生のブラスバンドを先頭に、市長など関係者と一緒に市内を2.5 kmパレードした。最後に広場で完歩式典。1年前から目標としていた12万人を超える参加者があって、市長は感謝・感激の挨拶をして締めくくった。まさに、年齢を問わず、すべての市民を巻き込んだ大会であったといえる（写真3-4、5）。

写真3-6　IMLフィンランド（バーサ）：日本チームの行進

2．IMLの発足

　国際マーチング・リーグの発祥の地は、オランダのナインメーヘンと呼ばれている。兵士が重装備で行進していく後から市民がついて歩いたのが始まりと聞く。そのため、ウォーキングではなくマーチングと名づけられるのである。

　1986年のナインメーヘンの第70回大会を記念して、世界主要ウォーキング大会の会議が開催された。参加国は、オランダ（ナインメーヘン）、日本（東松山）、スイス（ベルン）、ベルギー（ブランケンブルグ）、ルクセンブルク（ディーキルヒ）、デンマーク（ピポー）、オーストリア（ウイーン）、アイルランド（キャッスルバー）の8カ国であった。この会議で、翌年の日本スリーデーマーチにおいて、国際組織を設立することが決議された。

　上記8カ国の代表が集まり、「国際マーチング・リーグ（Intenational Marching League：IML）」が結成された。このリーグには、1日20 km以上、2日間以上競技ではないウォーキング大会を開催されている国が加盟し、1カ国1大会とし、合わせて表彰制度を決定した。すなわち、1大会ごとに1日20 km以上、2日間以上完歩すれば、ウォーキングパスポートに押印され

写真3-7 IMLフィンランド（バーサ）・スリーデー・マーチ：15km、21km、21km完歩証

る（写真3-6、7）。そして、設立時の8カ国を完歩した人には、"国際マスターウオーカー"の称号を与えるというものであった。なお、日本人で上記8大会を初めて完歩したのは、日本ウオーキング協会元理事の甲斐根将志であった。

3．IMLの発展

その後、IMLから離脱する大会もあったが、加盟するウォーキング大会も28大会と増えた。また、1カ国1大会が原則であったのが、同じ国内でも1,000km以上離れていれば加盟できることになり、日本では、東松山市に加えて熊本県の八代市が加盟した。同じように、中国でも大連市に加えて北京市が加わった。

ヨーロッパでも加盟国が増加し、現在18大会であるが、アジア地区では急増し、7大会がIMLの認定を受けるようになった。このため、10月最終末の原州、11月1週目の東松山、2週目の台北、3周目のジョグジャカルタへ、渡り歩くヨーロッパやソ連のウォーカーが増えている（表3-1）。

表3-1　IML加盟の国際ウォーキング大会一覧

ヨーロッパ地区：地名	国　名	汎太平洋地区：地名	国　名
Gilboa	イスラエル	Rotorua	ニュージーランド
Boras	スウェーデン	Canberra	オーストラリア
Blankenberge	ベルギー	Yatsushiro	日本
Wellingborough	英国	Dalian	中国
Bern	スイス	Beijing	中国
Chantonnay	フランス	Arlington	アメリカ合衆国
Diekirch	ルクセンブルグ	Won-Ju	韓国
Viborg	デンマーク	Higashi-Matsuyama	日本
Castlerbar	イスラエル	Taipei	台湾
Nijmegen	オランダ	Jogjakarta	インドネシア
Vaasa	フィンランド		
Verdalsora	ノルウェイ		
Arenzano	イタリア		
Seeferld	オーストリア		
Brno	チェコ共和国		
Barcelona	スペイン		
Fulda	ドイツ		
Jurbarkas	リトアニア		

4．IMLの表彰制度

　先にも少し紹介したが、IML加盟のウォーキング大会への参加を促すように、次のような表彰制度が設けられている。IMLの大会には、だれでも参加できる。最初に参加する人は「International Walker Passport」を購入する（写真3-8）。1つの大会で完歩したとき、その認定印をパスポートの指定欄に押印してもらう（写真3-9）。

　パスポートの各ページには、3つの大会の認定印が押印できるように印刷されている。IMLが認定する3つの異なる大会での印が得られれば、最初の表彰の証である「国際ウォーカー銅メダル」を購入することができる。こ

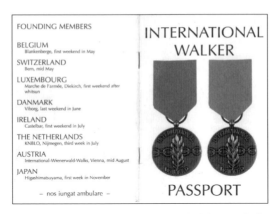

写真3-8　IML国際ウォーカーパスポート（左：裏表紙・設立時の国、右：表紙）

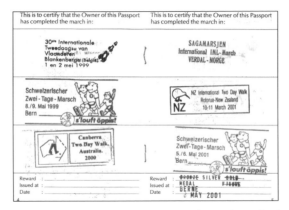

写真3-9　IMLパスポート（各大会完歩認定印：右下に銀メダルを発行とある）

のメダルの表には International Walker、裏には NOS IUNGAT AMBULARE（歩けば世界を結ぶ）という文字がそれぞれ書かれている。

さらに、4つ目の3つの大会（計12大会）の認定印が得られれば、「国際ウォーカー銀メダル」を購入することができる。同じようにして、計21回の大会を完歩すると「国際ウォーカー金メダル」を、計30回を完歩すると「月桂樹つき金メダル」を、それぞれ購入することができる（写真3-10）。

その他、IML設立時の加盟国のすべての大会を完歩したときは"国際マス

写真3-10　IML表彰（左から、銅メダル、銀メダル、金メダル）

写真3-11　IML表彰（小林昌二氏）：国際マスターウオーカー賞、ヨーロピアンマスターウオーカー賞

ターウオーカー"という称号を、ヨーロッパ8カ国の大会を完歩したときは"ヨーロピアンウオーカー"。日本、韓国、台湾、オーストラリア、ニュージーランド、アメリカの大会を完歩したときは"環太平洋ウオーカー"の称号を、それぞれ与えられる（写真3-11）。

　以上のように、IMLの表彰制度では、自分の意志でメダルを購入するというのがおもしろい。しかし、3つ以上の国々で2日以上、20km以上を完

写真3-12　IMLロトルア：市長招待のレセプション

歩してまわるという継続的に参加していく制度は、国際交流を図るという点から見ても十分効を奏しているように思われる。

以下、いくつかのIMLの大会へ参加した私（宮下）の体験記を紹介しよう。

5．IML 大会

1）1997年のロトルア・ツーデー・ウォーク（ニュージーランド）

温泉のあることで日本人の間でも知られている、ニュージーランド北島のロトルアで開催されたIML加盟の「国際ロトルア・ツーデー・ウォーク」に参加した。14カ国から500名を越えるウォーカーが歩いた。日本からは、団体ツアーの46名と、個人で参加した数名で、外国人の中では参加者がもっとも多かった（写真3-12）。

前日の夕方から、ロトルア市長招待のレセプションが行われた。伝統の踊りと歌で始まり、市長の挨拶があった後、外国からの参加者の代表として私（宮下）が、お礼の挨拶をした。ビールやワインを飲んだ後、マーチング・バンドを先頭に参加国の国旗を持った人の後ろから、みんなで市内を約1kmにわたってパレードした（写真3-13）。初日の朝は、雨であった。町の背後にある亜熱帯の森林地帯の山道を歩くルートである。7時30分に

写真3-13　IMLロトルア：フラッグパレード

写真3-14　IMLロトルア：巨木の中を歩く

30kmが、9時30分に20kmが、最後の11時30分に10kmが、それぞれラッパの合図でスタートした。原生林は、予想していた以上に深い。森林を抜けて急坂を上る。心拍数は140拍/分にまで上がってしまった。しかし、ロトルア湖が見渡せる丘に出ると雨も止んで、すばらしい眺望であった。心拍数が100拍/分になるまで休む。下り坂も急で滑りやすく何人かは転んでいた。

　その後、再び原生林に入る。幹の周囲が3～4mのも及ぶ大木の間のウォーキング、聞きなれない鳥の鳴き声が神秘的といえるほどであった（**写真3－**

写真3-15　IMLロトルア：湖の前で

14)。私（宮下）は20 kmのルートを歩いたが、起伏を考慮していない距離ではないかと思うほどで、5時間17分もかかってしまった。

　2日目は、歩き始めると、晴れ上がり絶好のウォーキング日和となった。ルートはロトルア湖の岸辺、市街地などを巡る平坦である（**写真3-15**）。日本の温泉地で観られる地獄谷のような熱湯や蒸気が噴き出している湖畔を通り、美しく整備された市の中心街を抜けて、再び湖畔に出る。ブラックスワンが群がる湖に沿って歩き、住宅街へ入る。立ち並ぶ家々の庭には、色とりどりの花が咲き、疲れを忘れさせてくれる。

　最後の5 kmぐらいは、保存林の中の遊歩道を通り抜けフィニッシュへむかう。この日も20 kmを歩いたが、歩数は25,300歩、所要時間は4時間34分であった。

2) 1999年のブランケンブルグ・ツーデー・マーチ（ベルギー）

　中世の街並みや縦横にめぐる運河が美しいブリージュから約15 km離れた海辺の保養地で行われた、IML加盟の第30回となる「国際ブランケンブルグ・ツーデー・マーチ」に参加した。鉄道の中央駅から海へむかって幅広い遊歩道がある。道の両側には、土産物屋、レストランなどがあり、たくさんの観光客でにぎわっていた。海岸沿いには、保養客用の高層のコンドミニ

写真3-16　ベルギーはビールで有名な国。創業1600年といった地ビールもある。また変わったグラスがあったので、記念に購入した。

アムが建ち並び、砂浜には日光浴用のベンチが置いてある。

　日本チームは25名であったが、現地で合流した10名程度の日本人が参加した。町の中央にあるマーケット広場が、スタートとフィニッシュ地点で、仮設の舞台ではブラスバンドが演奏していた。ルートは次の4つに区分されていた。

・　6 km（家族のために海岸ウォーク）
・14 km（家族のために海岸ウォーク）
・24 km（自然の中のスポーツウォーク）
・42 km（長距離ウォーク）

　スタート時間は、42 kmが8時、24 kmが10時、6 kmと14 kmが10時から15時の間となっていて、フィニッシュ時間はすべて18時であった。

　ルートは、起伏の少ない平坦な道で構成されている。珍しいのは、潮の引いた広い砂浜を4〜5 km歩くことである。海岸から陸地へむかうと、牛が放牧された緑の牧草地が広がっていて、遠くに教会の十字架が眺められる。途中から小さな集落を抜けて行くことになり、砂の道、舗装の道、土のあぜ道と、ところどころで道の状態が変わる。ルートの標識は、曲がり角ごとに

緑の板に太い白色の矢印があってわかりやすい。また、ところどころに簡易トイレがあったり、途中のレストランで借用できたりと、不便を感じなかった。

　初日は、快晴、気温18〜24度で、私（宮下）は24 kmコースを選んだ。途中の大きな農家で温かいスープが無料で提供された。さらにフィニッシュ近くで地ビール、コカコーラが無料で飲めるよう準備されていた。歩数33,000歩、昼食、休憩を含めて所要時間は約6時間であった。夜には市民ホールで外国からの参加者を招待した市長招待の歓迎レセプションがあり、ビール、ワイン、ソーセージが振る舞われた（**写真3-16**）。

　2日目は、快晴で24 kmを選択、ブラスバンドを先頭にヨットハーバーまで行進した。途中の集落でお祭り、路上に中古品の市場が並んでいた。大きなテント張りの休憩所に、すべてのルートからのウォーカーが集合し、パレードをしながらフィニッシュへむかった。歩数は40,000歩で、所用時間は約7時間であった。

3）1999年のベルン・ツーデー・マーチ（スイス）

　スイスの首都ベルンで行われたIML加盟の第40回となる「国際ベルン・ツーデー・マーチ」へ、50名ほどの日本人が参加した。ベルンの駅前から路面電車でアーレ川を渡ったところにある、ベルン万国博覧会跡地がスタートとフィニッシュ地点であった。前日の夕方、大きなテントの中で開会式が行われた。制服を着た軍人、警察官、消防士などと一般人が半々ぐらい、約1,000名が出席していた。

　ルートとスタートは、次の通りであった。
- ・40 km　6時〜7時
- ・30 km　7時〜8時
- ・20 km　8時〜9時30分
- ・10 km　9時30分〜10時

　フィニッシュ時間は、すべてのルートが同じで16時30分である。参加者には、ルート・マップ、スタート・カードが渡される。ルート・マップはわ

写真3-17　IMLベルン・ツーデー・マーチ：森の中を歩く夫婦

かりづらかったが、裏面に全ルートの高低図が掲載されていて、上りの最大は約150 m あるというのがよくわかる。

　初日は、朝から雨であった。私（宮下）は、20 km を選択し、午前8時にスタートした。カードへのスタートチェックを軍人が行うためか、とても厳重に感じられた。最初の30分間は平坦な舗装道路が続く。その後、山腹に立ち並ぶ住宅地の道をうねるように上る。しばらくすると、菜の花が咲く牧場の間の未舗装の道を上るようになる。牧場には牛が放牧されていて、いろいろな音色のカウベルの音が聞こえる。そして、深い森の中の常設の遊歩道を上る。道は雨でぬかり、とても歩きづらかった。約3時間で休憩場所となる集落に着く。いくつかあるテントでは、クノール・スープや飲用水がスポンサーによって提供されていた。また、大型の移動式トイレが置いてあった。帰路の森の中の小屋で昼食をとり、山腹の住宅地を抜け14時にフィニッシュした。36,000歩、所要時間約6時間であった。

　2日目は、曇り後、晴れであった。20 km のルートを8時にスタート、前日と同じ道を歩き、牧場の間の道を約1時間上る。その後、曲がりくねった道を下り、休憩場所となる集落へ着く。晴れていたのでいくつものベンチと椅子が並べられてあって、クノール・スープと飲料水が無料で提供されていたが、軽食やビールは販売されていた。

　ここから林の中の市民のための運動用の常設の道を歩く。途中で、乗馬を

写真3-18　IMLベルン・ツーデー・マーチ：完歩証

楽しむ人やランニングをする人に出会う。この林の先で、30 km、40 km の人たちと一緒になるようになっている（写真3-17）。この地点から、それぞれのチームが旗を先頭に行進を開始する。フィニッシュ近くの沿道には仮説のスタンドが並び、ブラスバンドのマーチが流れる。大勢の観客から拍手をもらって完歩である（写真3-18）。午後0時15分には着いてしまった。20 km とはいえ、5 km ぐらいは短いのではなかっただろう。当日は"母の日"とあって、女性ウォーカーへはバラの花が手渡された。

4) 2000年のキャンベラ・ツーデー・ウォーク（オーストラリア）

IMLに加盟する第9回となる「キャンベラ・ツーデー・ウォーク」へ、23名の日本人とともに参加した（写真3-19）。歩く距離は年齢によって区分されていて、19～50歳は30 km、50～59歳は20 km、60～75歳は10 km となっている。ただし、自分の年齢区分より長い距離を歩くことは許可されている。

前日の夕方、市民ホールで外国からの参加者200名ほどのために歓迎パーティがあり、ビール、ワインと軽いつまみが提供された。初日は曇り空で、

写真3-19　IMLキャンベラ・ツーデー・ウォーク（キャンベラ）：日本チーム記念撮影

写真3-20　IMLキャンベラ・ツーデー・ウォーク（キャンベラ）：方向指示板

30 km が 8 時、20 km が 9 時、10 km が 10 時にそれぞれスタートした。私（宮下）は 20 km を選択したが、スタート後 10 分ぐらいで雨が降り出した。幸いにもあまり激しくなく、約 1 時間で止み、しだいに晴れ間が広がり好天となった。オーストラリア国立大学の敷地の中を通り、20 分後からユーカリの林となっている山を 40 分ほど上る。下って自動車道路をくぐると、アランダブッシュランドと呼ばれるやや起伏のある森の中の道を歩くことになる（写真3-20）。そこを抜けると住宅地のスポーツ公園に出て、しばらくすると小さな人造湖に着く。さらに歩いて小さな池のそばで、昼食をとる。

写真3-21　IMLキャンベラ・ツーデー・ウォーク（キャンベラ）：首都キャンベラ、国会議事堂の前を歩く

写真3-22　IMLキャンベラ・ツーデー・ウォーク（キャンベラ）：カンガルーと一緒

　その後、オーストラリアスポーツ研究所の敷地となっているユーカリの森の中の道を歩きフィニッシュした。歩数31,000歩、所用時間5時間であった。ほとんどがサイクリング兼用の遊歩道でありとても歩きやすかった。

　2日目のスタート時は曇りで、まず国会議事堂へむかうゆるい傾斜道を上る（写真3-21）。そこから5kmほど歩くと川をせき止めた湖に沿うサイクリング兼用の遊歩道を行く。日曜日とあってサイクリングを楽しむ親子、

写真3-23　IMLキャンベラ・ツーデー・ウォーク：2日間、20kmずつを歩いた認定証

ランニングする若者、散歩する老夫婦とすれ違う。しばらく歩くと、右側にガバメント・ハウス（英国総督の家）という囲いのある広い敷地が見えてくる。中には放し飼いらしい数10頭のカンガルーも見える（**写真3-22**）。

　ダムに着くと同時に雨が降り出し、雨に濡れない松林の下で昼食をとる。休憩の後、ダム湖沿いの道を歩き、オーストラリア国立大学の広いグラウンドを見ながらプラタナスの並木通りを行き市街地に入りフィニッシュした。32,000歩、所要時間4時間40分であった（**写真3-23**）。

5）2013年のジョグジャ世界遺産ウォーク（インドネシア）

　インドネシア・ジャワ島にあるジョグジャカルタに、日本ウオーキング協会と黒田正人夫妻（夫人はインドネシア生まれ）の献身的な努力によって「ジョグジャ世界遺産ウォーク」が2008年に発足した。2010年はメラピ火山の噴火があって中止されたが、大会会長である王女の積極的な後押しがあって大会は年々盛んになり、2013年には国際マーチングリーグ（IML）の1つとなり、同時に国際市民スポーツ連盟（IVV）のクラブ会員として認定された。

　国際大会として認定された第5回大会は、雨期に入ったにもかかわらず晴

写真3-24　IMLジョグジャ国際遺産ウォーク（ジョグジャ）：スタート

写真3-25　IMLジョクジャ世界遺産ウォーク（ジョグジャ）：遺跡を背景に記念撮影

天の下で開催された。韓国、日本、台湾の大会に参加したヨーロッパの人たちに加え、日本から70名、インドネシアウォーキングクラブに所属している日本人70名と、現地の人を合わせて、17カ国約3,000名が歩いた（写真3-24）。

初日は、"世界遺産ウォーク"とあるように1200年以上前に建立されたヒンズー教寺院「プランバナン遺跡」を通って、田園地帯を歩く（写真3-25）。年間を通して米が実る土地とあって、稲刈りと田植えする田んぼが並んでいる風景は、日本人にとっては珍しい光景あった。家々の庭にはヤシ、

写真3-26　IMLジョグジャ国際遺産ウォーク（ジョグジャ）：家の前で家族総出で見送る

写真3-27　IMLジョクジャ世界遺産ウォーク（ジョグジャ）：家々の庭で見られるココナツとバナナの木

マンゴー、パパイヤなどの果物の木々があり、牛、山羊、鶏の鳴き声が聞こえ、とてものどかな感じである。また、晴天とあって富士山に似たメラピ火山の雄姿が眺められた。

2日目は、山の中腹にある学校の庭からスタート。20kmは山へ向って上り、10kmは下るコースである。道に面した家々では、家族総出で笑顔の挨

写真3-28 IMLジョクジャ世界遺産ウォーク（ジョグジャ）：かわいい方向指示板

拶をしてくれたのが印象的であった（写真3-26）。途中から大きな川の両側を歩く。農家で、久しぶりにココナッツの実を割ってもらい飲んだが、1個50円と日本ではあり得ない値段であった（写真3-27）。フェァウェル・パーティーは、王女公邸で行われ、王女からロイヤルメダルが手渡された。また、IMLの金、銀、銅のメダルはIML代表から手渡された。

　赤道直下の大会はIMLとしては初めてのことであり、もっとも長い距離は20 kmで朝7時スタート、11～12時ゴールを目指す（写真3-28）。時差が2時間で日本人にとって朝7時は9時に相当するから苦にはならず、蒸し暑さにも慣れているので無事に歩き終わることができた。ところが、北欧の人の中には体調を悪くした人が救急車で運ばれていた。

　世界遺産となっている遺跡を巡り、のどかな田んぼの中を歩くのは、日本人にとってはとても気分の良い、また歩きたくなる大会といえる。

6）2014年、2015年の台北国際快楽健行大会（台湾）

　台北市で行われたウォーキング大会へ参加した。羽田空港から市内の松山空港までの直行便が就航したので、日本人にとってはとても行きやすくなっ

写真3-29 IML台湾国際快楽健行大会（2014年）：踊りを披露した民族衣装の女性たち

た。IMLとIVVの公認大会であることから、日本人や日本スリーデーマーチに参加したヨーロッパからの人たちがたくさんいて、国際色豊かな大会である。

　初日は、曇り時々晴れで蒸し暑いのではないかと覚悟して行ったが、歩きやすい天候であった。明倫高等学校の校庭が中央会場で、スタート前に原住民と呼ばれる人たちの民族踊りが披露され、役員の挨拶の後スタートした（写真3-29）。「孔廟」の前を通り基隆川の堤防の上、運動公園となっている河川敷を歩いて、圓山大飯店のそばから戻るという変化に富んだルートであった。

　ウォーカーが戻り始めたころから、校庭で外国人むけの"ウエルカム・パーティー"。2本の缶ビール、バナナとみかん、カップに入った焼きそば、それに稲荷すしと海苔巻が用意されていた。

　2日目は、スタートから大雨となり、雨具の無い人にビニール製のカッパが配られた（写真3-30）。「万国花博覧会」が行われた公園の中を通って、圓山大飯店の入り口まで上る。ちょうど山形県の高校生の修学旅行の一団がバスに乗り込むときで、台湾でもっとも有名なホテルに一泊するという贅沢な想い出を残してあげようという心使いであろうと思われた。初日の基隆川に沿って上流へ向かい橋を渡って、河川敷を歩いて戻ってきた。後半は雨も

写真3-30　IML台湾国際快楽健行大会（2014年）：大雨の中のスタート

小降りとなって、元気良い足取りで帰ってきた。

　夕方6時から広い食堂でのフェアウェル・パーティ。IMLの表彰の後、それぞれの国の人たちが自国の歌を合唱、もっとも多い日本人も負けずとばかり、「上を向いて歩こう」と「故郷」を歌って盛り上がった。

　どう発音するのかわからないが、大会名が意味することがよくわかる「台湾国際健行大会」の第25回大会へ、2年続けて参加した（写真3-31）。外国人はヨーロッパ、アメリカからの人たちに加えて、40名ぐらいの日本人が参加していた。芝生が植えられた桃国中学校の校庭がスタートとフィニッシュである。両日とも晴れで、気温は30度近く、涼しくなった日本からの参加で歩き終ると、汗びっしょりとなってしまった。

　初日は、スタートから30分ぐらい過ぎると、途中に階段がいくつもあるほどの急坂を川沿いに上る。上り切ると川の反対側の道を下る。下り終る地点で、10、20 kmへの分岐点となる（写真3-32、33）。選択した5 kmは、電車の線路沿いの遊歩道を歩きフィニッシュとなる。フィニッシュすると外国人むけのウエルカム・パーティーと称して、サンドウィッチとビール、ジュースが配られテントの下で、会話を交わしながら疲れを癒した。

　2日目は、スタート直後から標高差は200 m近くかと思われる、なだらかな上り坂を歩く。ゆっくりゆっくりと上ったが、途中の日陰で休みを取らざ

写真3-31　IML台湾国際快楽健行大会（2015年）：スタート前記念撮影

写真3-32　IML台湾国際快楽健行大会（2015年）：スタートから緩やかな上り道を歩く

るを得なかった。上り切ると尾根道へ出る。風が涼しく感じられ、市街地が眼下に広がる景色のよい道を下って行く。下り終ると初日とは反対向きの電車の線路沿いの道を歩き、途中から新興の市街地を歩く。昨年は、川沿いの平坦な道を歩いたのとは対照的な山道の上り下りの多い大会であった（**写真3-34**）。

　夕方には、外国人と大会関係者を交えての恒例のフェアウエル・パーティーが開かれた。大会会長の挨拶の後、アジア市民スポーツ連盟の会長として私（宮下）は、来年の大会は第3回の「アジアンピアード」を兼ねて行わ

写真3-33　IML台湾国際快楽健行大会（2015年）：山の上り下りが続く台北のルート

写真3-34　IML台湾国際快楽健行大会（2015年）：ルートの標識

れると告示した。その後、IML大会75回完歩した1名の日本人が、続いて21回完歩者として2名の日本人が表彰された。終わりに、各国からの参加者たちが、それぞれの国の歌を披露し合った。日本人グループは、参加者の1名がコピーしてくれた唱歌"紅葉"を合唱した。

日本市民スポーツ連盟からのお知らせ

　ウォーキングは、単に、健康のための運動ではなく、自然にふれ、自然を理解し、自然保護の重要性を学び、歴史・文化・地域社会のよりよい理解を深め、歩友と交流する機会を提供するなど、多彩な広がりをもつ、多角的な人間の活動です。

　さらに、「通算何キロ歩いたか」「これで何回目のウォーキングイベント参加か」という歩行記録の積み重ねもウォーキングの楽しみとなり、励みになります。

　(一社)日本市民スポーツ連盟(JVA)は、国際市民スポーツ連盟(IVV)の規約に基づき、皆さまの"歩行記録の認定"をしています。

1. 参加認定スタンプの押印

　下記の市民スポーツ連盟活動に参加すると、国際市民スポーツ連盟認定ウォーキングパスポート(参加記録証、距離記録証)に、国際市民スポーツ連盟認定番号の入ったスタンプが押印されます(大会によっては切り貼り用の紙片をおわたしすることもあります。)(**写真1**)。

①日本市民スポーツ連盟公認のウォーキング、ノルディック・ウォーキング、歩くスキー等の大会に参加した場合

②年間を通してウォーキングの可能なイヤーラウンドコースを歩いた場合
(詳細は日本市民スポーツ連盟のホームページ http://jva-ivv.com をご参照ください。)

写真1 個人記録登録証がIVVから授与される

写真2 IVV参加記録達成証：最初の10回目が押印されると授与される

③日本市民スポーツ連盟登録団体の例会で、ガイド・ウォーキングに参加した場合

2．IVVウォーキングパスポート会員

　10回の参加記録認定スタンプの押印のある黄緑色のウォーキングパスポートを、1,000円の申請料とともに、日本市民スポーツ連盟事務局へ送ると、IVVウォーキングパスポート会員として認定されます（写真2）。

　日本市民スポーツ連盟では、国際市民スポーツ連盟認定のIVVウォーキングパスポート登録番号を利用して、皆様の歩行記録を登録保存いたします（申請料1,000円の内容は国際市民スポーツ連盟ウォーキングパスポート会員認定証と10回参加記録達成表彰状、国際市民スポーツ連盟本部からのハットピンと、ワッペン代および新しいパスポート代と記録登録料、郵送料です）。

写真 3　IVV 距離認定ワッペン：500 km と 50,000 km

3．参加記録認定について

　10 回の認定後、30 回目、50 回目、そして 600 回目までは 25 回ごとに、600 回以上 1,500 回までは 50 回ごとに、1,500 回以上は 100 回ごとに表彰認定されます。
　表彰回数ごとに異なった表彰状と、世界共通の IVV 認定ハットピン、IVV 認定ワッペンがもらえます。達成済みの参加記録証パスポート（紫色）と、申請料 1,000 円を日本市民スポーツ連盟事務局へお送りください。30 回以降の表彰者は回数に応じて日本市民スポーツ連盟のホームページ、日本ウオーキング協会発行の walkinglife 誌上に掲載します（写真 3）。

4．距離記録認定について

　記録証の歩行距離が 500 km に達したら距離記録認定が受けられます。500 km 以上 8,000 km までは 500 km ごとに、8,000 km 以上 22,000 km までは 1,000 km ごとに、22,000 km 以上 25,000 km までは 3,000 km ごとに、25,000 km 以上は 5,000 km ごとに表彰されます。
　表彰距離ごとに異なった表彰状と、世界共通の IVV 認定ハットピン、IVV 認定ワッペンがもらえます。達成済みの参加記録証パスポート（青色）と申

写真4　参加距離達成ハットピン：6,000km

写真5　子どもウオーキングパスポート

請料1,000円を日本市民スポーツ連盟事務局へお送りください。1,000km以降の表彰者も距離に応じて、日本市民スポーツ連盟のホームページ、日本ウオーキング協会発行のwalkinglife誌上に掲載します（写真4）。

5．子どもウオーキングパスポート

　日本市民スポーツ連盟は、日本ウオーキング協会と協力してウォーキング大会参加の子ども（15歳未満）を対象として「子どもウオーキングパスポート」を発行し、参加回数、距離に応じて認定証やメダル・ワッペンを贈呈しています（写真5）。

あとがき

ウォーキング人口の増加−1964東京オリンピックの確かなレガシー−

　本書の原稿がほぼでき上がった2015年12月に、「奇跡の3年2019・2020・2021 ゴールデン・スポーツイヤーズが地方を変える」という著書（徳間書店）が贈られてきた。私（宮下）の教え子の一人間野義之氏が、三菱総合研究所の協力を得てまとめた280頁を越える本である。

　2019年はラグビーワールドカップが、2020年は東京オリンピック・パラリンピックが、2021年はワールドマスターズゲームズが、それぞれ開催される。これを奇跡の3年と捉えて、国際オリンピック委員会（IOC）が強調しているテーマ「レガシー」を遺そうと呼びかける本である。「レガシー」は、"次の世代への贈り物"であり、特に地方都市が抱える積年の課題（特に人口減少）解決に向けて取り組む方策を、事例をあげながらさまざまな角度から提案している。

　しかし、地方都市とターゲットを絞っているためか、成功事例としてサッカーチームやサッカー場の新設、参加者が急増しているマラソン大会の開催など中都市を中心とした、いわゆる"町おこし"の事例が多い。そして、"地域活性化"あるいは"地方創成"といいながら、人口3,000〜5,000人規模の町村は、ほとんど無視されているように読み取れる。

　振り返って、1964年の東京オリンピック開催について考えてみよう。当時は「レガシー」といった言葉は使われなかった。その後50年が経過して"次の世代への贈り物"として残されているものがあったのかどうか、検証してみよう。

　スポーツ施設としては、メインスタジアム（国立競技場）は取り壊されてしまった。水泳競技場であった代々木体育館では、本来の水泳競技大会は開催されなくなってしまった。大きな施設としては、日本武道館が頻繁に活用されているに過ぎない。

公共交通システムとしては、高速道路網や新幹線網が1964年の東京オリンピック開催を契機に整備されてきた。しかし、経済発展という視点からすれば、オリンピックがなくても確実に整備されたと考えられ「レガシー」とはいえないだろう。

　スポーツ実施率はどうであろうか。1964年の東京オリンピックをきっかけとして全国津々浦々に普及したのは、水泳とウォーキングである。

　水泳（競泳）は、1964年の東京オリンピックで獲得できたのは銅メダル1個であり、再建を図るため水泳王国アメリカの選手育成システムを積極的に取り入れ始めた。それは、冬季にも泳げる室内温水プールの新設と、幼児からの水泳の一貫指導の定着であった。この再建策は、日本水泳連盟とスイミング・クラブといった民間の努力によって確実に歩み始めた。その結果として、多くの自治体でも室内温水プールを建造するようになったし、ほとんどの幼児が水泳を学ぶ場としてスイミング・クラブが担うようになっている。

　現在では、競泳はオリンピックや世界選手権大会で複数のメダルを獲得できるようになった。公共、民間を問わず各地の室内温水プールは、増加し続ける高年齢者向けの運動施設として人気を博するようになっている。水泳人口の拡充は、幼児から高齢者さらには障害者に及び、まさに1964年の東京オリンピックの「レガシー」そのものであったといえる。

　オリンピック種目にないふつうのウォーキングはどうであろうか。本書で述べてきたように1964年の東京オリンピックを契機に、日本ウオーキング協会の前身が創立され、"歩け歩け"運動が展開され始めた。オリンピックに参加するようなアスリートばかりではなく、多くの国民が運動しようという風潮の下に、小さな自治体においてもウォーキング・クラブ（歩こう会）が誕生するようになった。そして、200を超える全国規模のウォーキング大会が毎年開催され、歩く人の国内交流が盛んになった。また、国際交流という面でも、毎年外国から数100名のウォーカーが来日し日本の大会へ参加するし、日本からも数100名のウォーカーが世界各地で開催される大会で歩くようになった。

　そして、スポーツ・運動の実践者数では、他の種目とは桁外れに多い3,000

万人を超えるようになったのである。50年前に創立された日本ウオーキング協会、そして25年前に創立された日本市民スポーツ連盟がもたらしたウォーキングブームの隆盛は、1964年の東京オリンピックの眞の「レガシー」であると声を大にしていいたい。

　残念ながら、「ゴールデン・スポーツイヤーズが地方を変える」という本の中では、わずかに、しまなみ海道や周辺の島々を歩くイベント「スリーデーマーチ」が人気を博しているとか、「Sun-in 未来ウォーク」があげられているに過ぎない。しかし、派手さのない運動であるウォーキングは、奇跡の3年を捉えて地方都市の活性化を図る上でも、忘れてはならない運動種目であろう。というのも、取り上げられているスポーツ競技種目は、サッカー、マラソン、ラグビー、あるいは、ニュースポーツと呼ばれる若い世代が受け入れやすいものばかりである。奇跡の3年が終わっても2035年までは、日本の高齢化傾向は止まることはない。高齢者対策は、わが国にとっては避けることのできない、待ったなしの解決されるべき課題なのである。

　高齢者は、"歩かなくなれば、歩けなくなる"、そして、"歩けなくなれば、寝たきりになる"。その結果は、"老老介護に疲れて被介護者を殺害、介護者が自殺"、あるいはまた、"死後数日経過して、見つけ出される孤独死"、といった悲劇を生みやすい。さらに、医療費・介護費の高負担をまねき、国家としての社会・経済的な最重要課題であることは自明である。「地方の活性化」、「地方創成」は、人口の半分以上を占める高齢者が、歩けるという状態を保持することが基盤となってはじめて実現できるのである。

　本書のむすびとして、ウォーキングにかかわる人たちが、派手なスポーツ振興に惑わされることなく、自信を持って「歩く人を増やす」はたらきをしてもらいたいと願うしだいである。

超高齢社会がもたらすウォーキング奨励のジレンマ

　WHOの定義によれば、65歳以上の割合が全人口の7％を超えると「高齢化社会」、14％を超えると「高齢社会」、21％を超えると「超高齢社会」とされ、日本は1970年に高齢化社会（7.1％）、1995年に高齢社会（14.6％）、

2007年には超高齢社会（21.5％）となった。ヨーロッパの国々では高齢化社会から高齢社会になるまで、フランスで115年、スウェーデンで85年、イギリスで47年、ドイツで40年であるのに対し、日本では1970年に7％を超えてからわずか24年後に14％に達している（本間、2015）。このことが、超高齢社会に対する国家としての対応に遅れをもたらし、年金、医療・介護費にかかわって危機的問題を引き起こしているのは周知のことである。

ところで、適度な運動実践は健康によいからといって、ウォーキングを奨励する人が多いし、平均寿命よりも健康寿命を延ばすべきだと主張する人たちがいる。しかしながら、ウォーキングを奨励して徘徊老人を増やすという、また健康寿命を延ばして介護を必要とする期間を先延ばしするというジレンマをもたらすことに目をつぶる人が多い。はたして、無視してよいのか注意を喚起したい。

認知症予防のために高齢者へウォーキングを指導する

筆者らは、日本ウオーキング協会や日本市民スポーツ連盟で長く役職を務めてきた。その間、日本中の人々にウォーキングの実践を勧めてきた。もちろん、子どもが丈夫に育つように、働き盛りの人が元気に働けるようにと、高齢者だけを対象としてきたわけではない。しかし、高齢者人口が増加するにつれて、健やかに老いるためにウォーキングは手軽で有効であると勧めてきたことは確かである。

折から認知症を患う人口が増加したこともあって、認知症予防に効果があるという次のような研究成果を参考にして積極的に勧めてきた。

Fabreら（2002）は、60～76歳の高齢者32名を、エアロビック・トレーニング群、メンタル・トレーニング群、エアロビック＋メンタル・トレーニング群、コントロール群の4つに分けて比較検討している。エアロビック・トレーニングは、2カ月間週2日の頻度で、速足のウォーキングを1日に40分間実施した。メンタル・トレーニング群は2カ月間週1日の頻度で、脳のはたらきを活性化させるトレーニングを1日に90分間実施した。

その結果、最大酸素摂取量（持久力の指標）はエアロビック・トレーニン

グ群とエアロビック＋メンタル・トレーニング群で、12％と11％それぞれ増加した。また、論理記憶、対連合学習、記憶指数は、コントロール群にはみられなかったが、他の3つのトレーニング群で有意に向上した。面白いことにメンタル・トレーニング群よりも、エアロビック＋メンタル・トレーニング群の方が向上の度合いが大きかったという。このように、エアロビック・トレーニングは、認知機能の向上をもたらすと結論されている。

Yaffeら（2001）は、65歳以上の白人女性の1週間に歩く距離と、ミニ・メンタル検査と呼ばれる認知テストの成績の低下率との関係を調べている。対象となった人は9,704名であった。ミニ・メンタル検査は、注意力、言語能力、記憶能力など総合的に認知能力を判定するもので、0から26点の範囲で採点される。26点より3点以上少ない得点の人は始めから除外した。そして、6～8年後の検査で3点以上低下した場合を「認知能力が低下した」とみなしている。

この人たちの歩く習慣を聞き取り、1週間の歩く距離に基づいてそれぞれが1,500名ぐらいになるように4等分した。歩く距離は、1日当たり① 0～150 m（1,450名）、② 526～1,120 m（1,438名）、③ 1,143～2,560 m（1,581名）、④ 2,583～15,360 m（1,456名）、計5,925名であった。

その結果、歩く距離がもっとも短い①の人たちの中で24.0％に認知能力の低下がみられた。それに対して、歩く距離の長い③と④に人たちの中で認知能力の低下がみられたのは、それぞれ17.6％、16.6％であった。このように、高齢になるにしたがい認知能力は衰えていく人数は増えるが、長く歩く習慣のある人の方が認知能力の低下する人の割合が少ない傾向がわかったのである。

Rogersら（1997）は、平均年齢64.7歳の高齢者を"退職せず仕事を続ける群"、"退職したが身体活動量が多い群"、"退職して身体活動量が少ない群"の3つに分け、脳の血流量を4年間追跡した。その結果、退職時には差がみられなかったにもかかわらず、その後の3年間に"退職し身体活動量が少ない群"の脳血流量は年々減少し、3年後には他の2つの群より明らかに減少していた。また、認知テストの成績も他の2つの群に比べ明らかに低下して

いた、と報告している。このように、高齢になって退職といった大きなライフスタイルの変化があっても、運動実践という習慣があれば認知能力を保持できることが示唆されたのである。

　日本においても、認知症を専門とする下濱（2015）は、知的活動、社会交流、適度の運動、適切な食事はアルツハイマー型認知症の発症リスクを減少させることを示唆している。

行方不明の徘徊老人1万人を超える

　警察庁が平成25年中における行方不明者の状況を公表した（警察庁生活安全局生活安全企画課、2014）。捜査願が提出された総数は83,948名、その中で認知症または認知症の疑いにより行方不明となった旨の申し出のあった者は、10,322名である。このように、捜査願が提出された人数が1万人を超えたということは、徘徊気味で周囲の人たちを困らせている人は、大げさにいえば、その100倍近くはいると推定される。

　65歳以上の高齢者は、約3,300万人である。捜査願が出された人の100倍はいるとして、徘徊老人の割合は3％と推定される。3％が多いか少ないかは断定できないが、周囲の相当数の人たちが迷惑を被っていることは確かである。

　88歳の女性が深夜徘徊し、何度も保護されたという記事が新聞に掲載されていた。共に暮らす66歳の娘は心身の限界を感じて、介護施設を探したが、それでも家で一緒に暮らすことにしているという。そんな中、認知症の男性（91歳）が徘徊して列車にはねられ死亡したという報道をみて心配が高まっているという。名古屋地方裁判所は親族に720万円の損害賠償の支払いを命じた。しかし、名古屋高等裁判所は遺族の監督責任の限界を認め、359万円に減額して支払いを命じたという（朝日新聞、2015年6月13日）。

　徘徊を恐れるために、歩ける老人を毎日ベッドに縛り付けたり、睡眠薬を服用させたりして寝かすことは、人の尊厳という点から難しいであろう。だからといって、歩けない老人を増やすことは、老後の長い人生の質を低下させるだけである。徘徊老人を少なくするために、高齢者にウォーキングを勧

めることを止めることは、本末転倒と言わざるを得ない。このように、高齢者にウォーキングを勧めてきた張本人として、ジレンマに落ち入ったのである。

文　献

Fabre C, et al.（2002）Improvement of cognitive function by mental and/or individualized aerobic training in healthy elderly subjects. Int J Sports Med, 23: 415-421.

本間さと（2015）高齢化社会と食と医療．学術の動向，20（6）：55．

警察庁生活安全局生活安全企画課：平成25年中における行方不明者の状況. 2014.

Rogers RL, et al.（1990）After reaching retirement age physical activity sustains cerebral perfusion and cognition. J Am Geriatr Soc, 38: 123-128.

下濱　俊：認知症の早期発見と予防．学術の動向，20（6）：76-80，2015．

Yaffe K, et al.（2001）A prospective study of physical activity and cognitive decline in elderly women: women who walk. Arch Intern Med, 161: 1703-1708.

（宮下充正（2015）超高齢社会がもたらす2つのジレンマ．体育の科学，65：827-830 より）

　なお、本書は一般社団法人日本市民スポーツ連盟が創立25周年記念を迎えるに当たって刊行することにした。刊行にあたって、杏林書院太田康平社長に絶大なるご協力を得たことを、末尾ながら深謝したい。

　　2016年3月

　　　　　　　　　　　　　　　　　　著者を代表して　宮下　充正

2016年5月20日　第1版第1刷発行

世界を歩こう〜草の根の国際交流〜
定価（本体1,200円＋税）　　　　　　　　　　　　　　　検印省略

著　者	宮下充正Ⓒ・川内基裕Ⓒ・堀野正勝Ⓒ	
発行者	太田康平	
発行所	株式会社　杏林書院	

〒113-0034　東京都文京区湯島4-2-1
Tel　03-3811-4887（代）
Fax　03-3811-9148
http://www.kyorin-shoin.co.jp

ISBN 978-4-7644-1589-8　C3075　　　　三報社印刷／川島製本所
Printed in Japan
乱丁・落丁の場合はお取り替えいたします．

・本書の複製権・翻訳権・上映権・譲渡権・公衆送信権（送信可能化権を含む）は株式会社杏林書院が保有します．
・JCOPY ＜（一社）出版者著作権管理機構　委託出版物＞
　本書の無断複製は著作権法上での例外を除き禁じられています．複製される場合は，そのつど事前に，（一社）出版者著作権管理機構（電話 03-3513-6969, FAX 03-3513-6979, e-mail：info@jcopy.or.jp）の許諾を得てください．